Money錢

Money錢

懶人存股

翻倍術

1招搞定 美股 投資

6年賺1倍

CONTENTS

單元 **1**

小資族存股 美股真的比較好賺！ / 018

單元 **2**

清除「台股記憶」 建立贏家 4 大觀念 / 040

CONTENTS

推薦序

用國際視野 看待投資這件事

謝佳穎／前元大投顧協理、主力控盤操作學作者，先探、今周刊、理周學苑講師、
復旦大學操盤手研習營導師

　　淺讀了康德兄的書，讓我回想電腦發展史，從 1964
年 IBM 推出 System/360 系統至今正好 60 週年，這台幫
助阿姆斯壯在 1969 年登上月球的機器，開啟了大型主機
的歷史，乃至今日各種資料，包括蘋果手機的內容，都
上了雲端伺服器，技術仍不脫大型主機的服務範疇，IBM
同時也開啟主機從實驗室走入商務資訊整合環境。

　　到了 1970 ～ 1980 年代，軟體也從作業系統轉向
為企業服務的解決方案，學生時代的我順應潮流選讀資
訊系，正好躬逢其會，因為 PC 在 1980 年代走入大眾市
場，更推進套裝軟體蓬勃發展，包括微軟也開始推出辦
公室套裝軟體，創立於 1982 年的 Adobe 為麥金塔推出
Adobe Illustrator 向量圖形製作軟體，這段時間可以說是

套裝軟體的黃金年代。

1995 年，互聯網成為軟體銷售新平台，加上手機系統的推展，軟體付費形式也歷經了多種演變，甚至影音服務平台都從一票買斷轉向訂閱制發展，不只銷售軟體，增值服務也是持續長久的收入來源。台灣資訊業雖然站在科技前沿，不過能在世界上占據軟體一隅者有多少呢？

台股中高市值與高價股大都是半導體與 IC 設計業，及現今流行的 AI 配套的周邊產業，加上台股龍頭幾乎是美國龍頭股的製造或代工組裝廠，勢必受美股連動，可見台股投資硬體而美股投資軟體，已成產業投資趨勢的方向，有能力投資美股，無疑更直接與趨勢接軌。

受到外資歷練洗禮的康德兄，有著經理人的執著，著重於產業長期的發展趨勢，無疑的，「趨勢」這 2 個字說來簡單，操作起來卻有困難，懂技術分析的投資人大概都聽說過道氏理論，大趨勢中包含著中、小趨勢，大趨勢可以是 2、30 年的走勢，中趨勢涵蓋 5 ～ 10 年，短期

趨勢可能僅僅 1～3 年。股價的短期走勢不一定跟產業趨勢同步向上，歷經大漲後利多出盡或短期利空，或整體經濟面受到影響，有可能讓股價出現 1～2 年的回檔。

例如台積電 2020 年 3 月因為新冠疫情回檔到 235 元，之後上漲到 2022 年 1 月的 688 元，隨著大盤因為俄烏戰爭、全球通膨高漲、聯準會升息，同年 10 月跌至 370 元，幾乎腰斬，有多少人在低檔勇於買進？或追高在 500 元附近的人，能夠抵禦股價下跌的煎熬，享受現今近千元的成果？2 年上漲、1 年下跌，接著又一年半上漲，短期趨勢是波動且劇烈的，但中期趨勢向上是無庸置疑，顯然能夠掌握中期趨勢的投資人才是大贏家。在康德兄書中有明確的闡述，在此我只是錦上添花而已。

由此可見，當談到趨勢便如作者所述，產業的成長性遠比股價本益比高低更重要。投資人總是問：投資本益比不高的股票，為什麼不會漲呢？其實這陷入一個誤區，本益比高低不只看個股，要兼顧台股與美股中同產

業的整體本益比，還要考慮產業中龍頭股享有更高本益比。君不見具成長性的股價本益比都偏高，為什麼？

因為明年與後年的每股盈餘還要遠高於今年，這暗示個股未來的成長性持續向上，分析師以明年的每股盈利評估今年的股價，便不會過高。所以選股時，產業的成長性是第一要務，龍頭股則是優選。

本書引領讀者跳脫台股慣性，以國際法人的視角，更踏實地看待美國股市的樣貌與機會。不僅提示了未來產業趨勢向上的思維，對美股的「股性」有頗深的探討，對初接觸美股的新手而言，應可迅速提升學習效率。由淺入深，在美股實務上的常見疑問、觀察重點、警訊對策，也都能在本書找到解答。

難能可貴的是，康德兄將其見解化作精簡易懂的存股邏輯、人人可實作的具體策略，為有心投資美國股市的朋友提供了敲門磚；有感於康德兄的專業才學與嚴謹的執筆態度，實屬浩瀚書海中不可多得的佳作。

學習產業知識 才能抓住科技財

孔令傑／ 國立臺灣大學資訊管理學系副教授、國立臺灣大學進修推廣學院副院長、
國立臺灣大學 PMBA 學程主任、國立臺灣大學教務處數位學習中心副主任

　　遙想當年 Sean（作者英文名）剛進入臺大資訊管理學系就讀時，我比他高 3 屆，因為一起參加系上排球隊而熟識，當年在運動場上一起揮灑汗水、場下談課業話家常的學弟，沒想到一轉眼 20 年過去，我赴美取得博士學位後回到母系任教，而他也已經成為頗負盛名的財經專家及理財教育推動者，甚至趕在我這教授之前，搶先一步出書了！

　　在資管系服務，每天研究、談論的免不了都跟世界科技巨頭有關，而這些巨頭絕大部分都在美國，像是大家耳熟能詳的 Google、蘋果、微軟、亞馬遜、Meta（臉書）等，或者老牌的 IBM、Intel、Oracle 等，乃至於特斯拉、Airbnb、Uber、LinkedIn、Salesforce、

Instacart、Coursera 等新一代企業也都是課堂上的焦點。不得不說，這些科技公司確實都有其過人之處，不僅在科技力上持續突破，也建立了各自的生態系，讓全世界人們的生活離不開這些公司，也讓全球資訊產業、華爾街菁英圍繞著它們運作。

　　AI 時代，科技股投資蔚為顯學，然而，要想看得更深入、懂門道，而不是只看熱鬧，需要對科技產業趨勢具備一定的理解才行，也就是我們常跟學生聊的產業「knowhow（知識）」。

　　舉例來說，雲端三強亞馬遜、Google、微軟的競爭，未來會繼續三國鼎立，還是一家獨大？蘋果做什麼都很行，為什麼雲端服務沒它的份？生成式 AI 正夯，各家都有研發、推出自己的產品，到底有沒有哪家的技術更好一些，還是都差不多？光有技術顯然不夠，那還需要什麼條件，才能讓一個生成式 AI 產品產生巨額利潤？ AI 會不會泡沫化？誰是之後的資安概念股？……有太多科技

議題值得思考，延伸出巨大的市場與機會。

然而，如果沒有一定的「knowhow」，一般人僅靠自學可能似懂非懂，甚至感到壓力。Sean 同時兼有資訊科技及金融投資的多領域背景與實戰歷練，正是引領大家探索科技趨勢、相關機會的最佳人選。

我認識的 Sean 一直是位勤奮努力、獨立思考的優秀學弟，在資管系畢業後沒有像大多數學長姊一樣進入科技業、資訊業服務，而是選擇攻讀財金所，後續在外商金融圈從業，累積自己的經歷與口碑，期間也把資管系所學活用在美股分析及 FinTech 專案領導，完美融合資訊、金融兩邊的專長，無疑是「跨領域學習應用」的優秀典範，多年的努力與付諸行動，讓他的自媒體經營有聲有色，也讓他今日可以寫出這樣一本好書。

本書的好，在於不只講結果，更有清楚的邏輯與數據實證；不只講投資面的股價，更道破巨型科技公司的經營決策思維，「既給釣竿，又給魚吃」是本書相當棒

的一大特色。不論是誰，學習永遠是重要的事之一，特別在這「AI＋通膨」並存的年代，學習投資的重要性更甚以往，期待 Sean 的新作能引導讀者們開啟新一輪的學習及興趣！

存美國科技龍頭股 賺全世界的錢

　　轉眼間，「科技始終來自於人性」已經是 20 年前的廣告語，這 20 年來科技發展日新月異，隨著科技產品越懂人性，人們越難抽離。

　　當網路消費取代了傳統商場購物，行動支付取代了現金找零，隨選即看的串流影音取代傳統電視，我們生活的科技化、數位化程度不斷在升級，多數的消費行為及眼球，都離不開蘋果、Google、臉書、微軟等這些科技龍頭。我們每個人、每天的生活都在為科技巨頭貢獻營收，點點滴滴累積成屢屢超越華爾街預期的超強財報。

　　無論是購買有形的手機、電腦、平板、智慧手錶，或消費虛擬數位商品如雲端空間、VIP 升級、行動支付……即便只是躺在沙發追劇、看球賽、玩手遊，也間

接貢獻流量收入給雲端巨頭如亞馬遜、微軟等公司。你我皆是，全球數十億人口皆是。當我們持續使用3C產品，相當於持續「租用」這些科技服務，美國科技公司宛如全球的大房東，持續向我們直接或間接酌收「租金」。

某次受邀至 CMoney《理財寶》YT 頻道專訪，主持人詢問最初投資美國龍頭股的契機為何？我分享道：「某次心血來潮檢視每個月的開銷，好好計算到底哪些錢花起來最無感，才驚覺蘋果、Google、微軟……這些科技龍頭公司們，如何賺走我的錢、賺全世界的錢。」

孩子可愛的相片、影片越拍越多，當手機空間不夠用，只好向 iCloud 或 Google 租用雲端。寫書、寫專欄，免不了付一筆訂閱費給微軟 Office 365。

在手遊 App 上購買虛擬寶物、裝備升級，遊戲廠商其實收不到全額，因為蘋果的 App Store 或 Google 旗下的安卓應用商店，須要抽成 15% 至 30%。

照片只會越拍越多，雲端空間只會越買越大，手遊

戒了舊的還有新的，訂閱經濟的水龍頭一旦打開，幾乎不可逆。這種源源不絕持續「收租型」的商業模式，說服我成為它們的股東！了解得越多，越加深我對美國科技股投資的信心。

台灣是不折不扣的科技島，這塊土地的繁榮興盛也與全球科技趨勢息息相關。從上個世代的蘋果供應鏈到近期最夯的輝達概念股，每當台廠與全球科技趨勢連動，往往能帶動一波股價上行。在許多產業的供應鏈，台灣與亞洲鄰國有著同質競爭關係，但回溯其源頭，都是為了爭取美國科技品牌的訂單，後者才是真正的「大 Boss」。

對普羅大眾而言，要苦心研究產業，篩選出台股接單能力最強、最具優勢的供應鏈股票，可能是不小的挑戰。不過，當你投資美股問題會簡化很多，不須太複雜的選股、產業研究，也不須要頻繁操作，簡單存美國科技龍頭股，搭配穩紮穩打的風險控管 SOP，就能輕鬆參與科技產業的大趨勢，長期下來累積不錯的報酬率。

　　無論海內外，美股儼然成為各家券商不可忽視的大餅，各大海外券商致力於介面中文化、增設中文客服，想爭取更多華語客戶；台灣本土券商也積極推廣美股投資，紛紛推出更優惠的複委託手續費折扣，實質讓利回饋台灣投資人。

　　近年來國內複委託開戶人數直線上升，本書從存股的角度切入美股投資，恰好迎上複委託大爆發的趨勢。這年代透過國內券商複委託投資，比起過去輕鬆得多，不僅下單門檻大為降低，手續費也更低廉，加上直接扣款台幣帳戶的便利性，大幅提高月月存美股的可行性。

　　專研「存美股」的中文書籍，市面上並不多見。無論你過去對美股的認識為何，是否有存台股的經驗，是美股資深玩家還是白紙初心者，相信本書都能帶給你耳目一新的體驗。

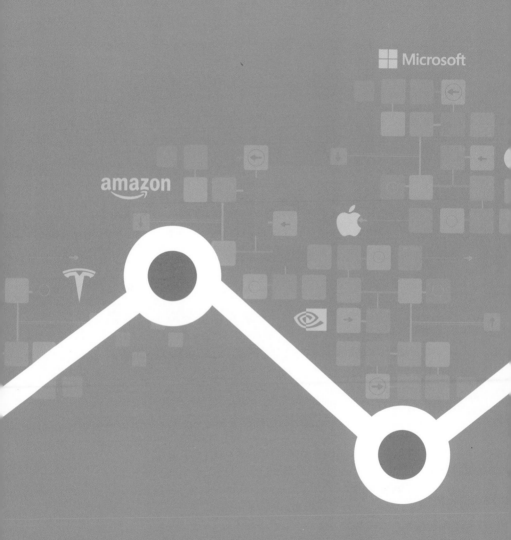

TECHNOLOGY

∞ Meta

單元 **1**

小資族存股
美股真的比較好賺！

★ 台股投資人喝湯 美股投資人吃肉

★ 科技大趨勢題材 美股純度最高

★ 護城河超深 競爭者看不到車尾燈

★ 美股股性 長期向上趨勢明確

第 1 批 iPhone 6 在 2014 年上市時，起跳價「才」台幣 2 萬 2,500 元，9 年來 iPhone 持續升級，價格也是一漲再漲。2023 年當 iPhone 15 發布時，起跳價已經接近台幣 3 萬元，9 年期間上漲了 33%，同樣 9 年時間，生產 iPhone 手機的蘋果（Apple，美股代號 AAPL）股價漲幅更為驚人，狂漲 800% 之多。

很多人沒想過，除了「被動接受」iPhone 漲價的事實外，其實我們也能主動來當蘋果公司的股東，投資美股蘋果的股票「分攤」一下買 iPhone 手機的錢，讓像蘋果這樣世界級的科技巨頭公司為你幹活，聽起來不錯吧？

這 9 年期間，並不是沒有壞消息，而是歷經多個升降息循環、股市多空、甚至景氣衰退，但為何蘋果公司股價能屹立不搖、持續向上？

想了解為何蘋果股價能漲這麼多，2 大關鍵特質是你必須了解的，而這也是蘋果、輝達（Nvidia，美股代號

NVDA）、微軟（Microsoft，美股代號 MSFT）、Google（母公司 Alphabet Inc.，美股代號 GOOG）……**這些美國一流科技公司都具備的共通特色：它們都專注在「做最賺錢的事」、「站在新趨勢的最前端」。**這 2 大特質，為企業獲利、股價增長帶來源源不絕的成長動能，造就了傲視全球的獲利能力與創新能力，也是台灣企業難以達到的高度。

「世界一流企業」無論跟競爭對手相比，或跟供應商相比，不僅獲利的爆發力更猛，成長動能的續航力也更強，過去數年，這番道理已經透過美國科技巨頭們大漲數倍的股價獲得驗證，也是我認為「錢進美股能賺更多」的核心道理。

或許你認為，台股也有很多世界一流企業的供應商，投資台股應該也不錯吧？是的，但台灣電子股與美國科技巨頭的「產業位置」很不一樣。台股也不乏有體質良好、獲利穩定的企業，但坦白說，多數台灣電子公司專

長的硬體製造、代工、組裝，其實是在微笑曲線的低點，
相對利潤低很多；反觀美國科技巨頭擅長的品牌、服務
及研發，則是在微笑曲線的兩端。

　　根據宏碁創辦人施振榮的「微笑理論」，**多數產業鏈
的最上游、最下游，是產業鏈中利潤最肥、附加價值最
高的位置**，「組裝、製造」這一塊則是利潤的低谷，造
就了台灣電子股與美國科技股在公司價值本質上的巨大
差異。

圖表1-1 微笑曲線：產業鏈利潤集中在曲線兩端

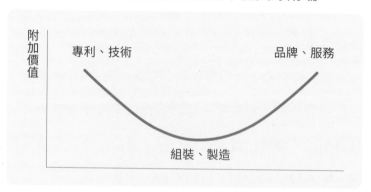

★ 台股投資人喝湯 美股投資人吃肉

當人工智慧成為長期大趨勢，輝達的毛利率飛躍至 70% 之上，這是 99% 的硬體公司難以想像的毛利率水準，傲視 AI 供應鏈上的大小台廠。原因無他，在 AI 晶片的世界裡，輝達掌握最頂級的技術力與品牌力，所以分配走最大一塊利潤，當然輝達的投資人吃肉也吃得笑呵呵。

再舉個例子，手機市場利潤集中的情形也很明顯，當 2021 ～ 2022 年全球手機市場需求不振，大受 Covid-19 疫情影響而延後換機潮，蘋果公司居然逆勢在 2022 年再創營業利潤的新高峰，悄悄吃下了全球手機市場 85% 的營業利潤，大把鈔票進了蘋果口袋。

反觀供應蘋果零件的台廠，利潤卻被越砍越低，當智慧型手機的成長黃金期一過，台股許多紅極一時的「蘋概股」漸漸成了「貧概股」。但美股的蘋果公司還持續享

有多重題材，例如軟體服務持續成長、MR 創新、AI 應用等等，股價維持上升趨勢，絲毫感受不到台廠蘋概股的慘淡，代表即便 2 間公司位於同一產業，公司所在微笑曲線（產業）位置不同，股價也大不相同。

我常打趣地說，如果 2 位仁兄——志明和 Jimmy，志明是台灣蘋概股的死忠支持者，Jimmy 則長期投資美股的蘋果股票，長期來說，績效是天與地的差距。

股價上漲的基本原理，就是公司價值的提升。如果你學過一些基本的評價模型，就不難理解，買股票就是在買公司現在和未來的價值總和，**華爾街的底層邏輯其實很簡單，當一間公司在做「更有價值的事」而且「持續成長」，就值得更高的股價。**

★科技大趨勢題材 美股純度最高

像人工智慧、機器人、自動駕駛這種有機會顛覆未

來世界的關鍵科技趨勢，給人無限的想像空間，如果你想參與這種長期趨勢性題材，最直接的方式就是投資美國科技龍頭股。侷限於台股的話，只能找到所謂的「概念股」，也就是營收勉強有沾上邊的台廠來操作，這跟投資美國的「超級指標股」比起來，**不只題材的「純度」差很大，股價的績效與續航力也可能差很大。**

　　當人工智慧題材開始受到追捧，美股的輝達與微軟股價水漲船高，台灣的財經媒體或主力，開始各種鋪天蓋地宣傳某些台灣公司是「輝達概念股」、「AI 概念股」。在「概念股」上的操作，台股投資人常見的問題有二，一是概念股的「純度不好判斷」，二是「接單的不確定性」。

　　明知道人工智慧是長期趨勢，有利可圖，但又不確定美國大廠是否會把訂單下給台灣廠商（還是他國的競爭者）？下給台灣哪一家？新聞是否只是有心人士刻意哄抬沾邊，其實根本沒有實質訂單受惠？好多的小劇場，

在台灣股民的心中複雜地上演，其實要跟上科技趨勢來獲利，真的沒這麼難。

2023 年下半年，當台灣 AI 股轉弱修正股價大回檔，台灣股民正擔心「AI 會不會變 BI」之際，美國股民手上的輝達、微軟股票依然相當抗跌，甚至還再創新高，這就是差別所在。

對 AI 題材有興趣，為什麼不選「全球 AI 之王」等級的輝達或微軟，而要在台廠供應鏈裡面辛苦選股、做研究呢？如果你是億萬富豪，想投資職業運動球隊，棒球首選應該是美國職棒的隊伍，足球首選應該是英格蘭超級足球聯賽或德國足球甲級聯賽，這種全球頂尖的聯盟，不是嗎？

任何科技大題材，當你投資的是美股，問題會簡化很多，不用擔心「能分到美國人多少訂單」這種問題，也不須太複雜的選股、產業研究，簡單透過美國的超級

指標股，就能相對輕鬆地去參與 AI、電動車這種大趨勢。白話地說，在美股想找飆股，不用特別冒風險從中小型股票池子裡頭挑選，關注龍頭股就好，只要跟趨勢性題材能對應上，漲幅就很可觀。

因為美國科技龍頭手上的研發資源、人才、現金等資源實力是世界級的雄厚，往往能在趨勢的最前線引領潮流、開創新產品的需求。所以當 AI、電動車、元宇宙這些科技題材有新的利多時，能更快、更直接地反應在超級指標股的股價上，例如 AI 的指標股非輝達莫屬，特斯拉（Tesla，美股代號 TSLA）則是全球電動車、新能源的指標股。

每當有新的產業題材受到關注，對應到該題材的美國科技龍頭，也就是所謂的「超級指標股」，往往可以率先領漲，而且上漲的續航力可能長達數年之久。因此，當台美兩邊題材的純度有差，「超級指標股 vs 概念股」

股價上漲的爆發力及續航力也會有差。

★ 護城河超深 競爭者看不到車尾燈

聊到這裡，美國科技龍頭們聽起來似乎不錯，有題材追求成長，又有微笑曲線好位置的利潤優勢，但是未來總有不確定性，來個假設性問題：有沒有可能未來某天，科技龍頭會喪失競爭優勢？

如果你的投資經驗久一些，看過台股股王、股后的興衰歷史，想到 1989 年股價逼近 2 千元台幣的國泰金（台股代號 2882）、2011 年股價上千元的宏達電（台股代號 2498），說到投資「龍頭股」這件事，可能會讓你謹慎三思？

我支持回歸理性考慮風險，**但比較台灣和美國的龍頭股，規模上、本質上還是有很大的區別，建議別以對台股的歷史經驗、既定印象去看待美股。**本書後面的章

節也會提供大家檢視產業風險的判斷法則，在這之前，可以先思考以下幾個問題：

Q1：你能想像，果粉大舉拋棄蘋果手機，轉向安卓（Android）陣營，或是人類乾脆不用手機了？

機率很低很低。

Q2：你能想像，有一家全新的搜尋引擎崛起，取代 Google 在網頁搜尋、地圖服務的地位？

機率還是很低的。連蘋果推 Apple 地圖這麼久了，也難以撼動 Google 地圖的江山。

Q3：你能想像，有一家新的科技新創公司突然崛起，一群聰明絕頂的工程師做出比臉書（母公司 Meta，美股代號 META）更好用的社交平台？一夕之間取代臉書？

這可能性好像稍微高了一點點。新創公司即便技術再強，未來要想擠進科技列強之林，還是有許多的不確定性，例如：如何跨國成長、變現模式等。新創企業壯

大之路還有非常多的路要走,許多的問題必須克服,才有可能挑戰臉書的社交霸主地位,來看看以下幾個可能的狀況。

▶ 可能性 1

成長到某個階段就遇到瓶頸,例如 Twitter 用戶成長停滯,始終無法取代臉書,最後被特斯拉執行長馬斯克(Elon Musk)買下。

▶ 可能性 2

只是曇花一現的短期風潮,結果雷聲大雨點小,還沒真正「轉大人」就退燒,例如 2021 年的 Clubhouse。

▶ 可能性 3

就算真的成功做大,新創公司手上的錢肯定沒臉書多,長大到一定的規模,肯定會受到臉書的關注,然後被併購加入臉書(或其他科技巨頭)陣營,像是 Instagram

（簡稱 IG）的結局。

科技發展飛快，沒人能斷定 10 年後的世界會長得如何？但可以肯定的是，美國科技巨頭發展至今，它們的「護城河」都非常深，手機、AI 晶片、雲端、電動車……這些產業都已經被美國的科技巨頭們寡占，對科技領域後進的新創競爭者來說，想搶走他們的產業地盤，必須跨越的障礙門檻非常高，也就是企管顧問常講的「護城河」。

護城河 1 》財力

新創公司和科技龍頭們手頭上的現金，明顯不在同一個量級，臉書接連買下 IG、WhatsApp，微軟併購 OpenAI（ChatGPT 母公司）都是實際的案例。科技龍頭們經過長年的獲利累積，現金流都相當充沛，美股的 7 大科技龍頭股手上握有的現金，平均超過 500 億美元。手握巨額現金的好處多多，一來有充沛銀彈買下潛在的強大競爭者，化敵為友；二來是方便做庫藏股的資本操

> **小辭典 科技7巨頭**
>
> 媒體上指稱的美股科技7巨頭包含以下7家公司:
> ① 蘋果（Apple,美股代號AAPL）
> ② 輝達（Nvidia,美股代號NVDA）
> ③ 微軟（Microsoft,美股代號MSFT）
> ④ Alphabet（即大家熟悉的Google的母公司,美股代號 GOOG、GOOGL,前者無投票權,後者有投票權,本書 主要以前者為例）
> ⑤ Meta（即大家熟悉的臉書,原名Facebook,或簡稱 FB,2021年改名為Meta,美股代號META）
> ⑥ 亞馬遜（Amazon,美股代號AMZN）
> ⑦ 特斯拉（Tesla,美股代號TSLA）

作,在股價回檔時買回股票,對下檔風險也是種保護。

護城河2》用戶黏性

果粉有2種,一種是死心塌地的鍾愛蘋果手機, 一輩子都不會變心;另一種是就算想換手機也換不了, 因為習慣了使用Airdrop傳照片很方便,也習慣了與

MacBook 的互通互連，更不用說在 iCloud 上面備份的相片。所以，對於蘋果用戶而言，這間公司有極高的「黏性」，這是品牌優勢的最高境界，手機產業的後進者難以跨越的鴻溝。

Google 也是類似的道理，使用 Google 搜尋引擎、Google Map 導航、Gmail 來收發電子郵件，這些都已經成為全球民眾天天習慣的生活工具，數十億人口已經培養成的「慣性」，非常難被改變，無論任何新創推出的搜索引擎、導航地圖、Email 有多好用，也很難威脅到 Google 的霸主地位。軟硬體產品永遠可以推陳出新，但全球用戶多年的使用習慣一旦養成，這樣的平台通常很難被取代掉。

護城河 3 》數據量

AI 時代，數據就是一切。誰掌握的大數據量最多、質最好，就具備最強大的科技統治力。特斯拉大打降價

策略，你以為只是為了多賣幾台車？非也，馬斯克真正渴望的，是車主個人化的自動駕駛數據。當路上的特斯拉越多，蒐集到越多自動駕駛的數據量，特斯拉的自動駕駛技術、地圖相關的 AI 技術能優化得更快，數據優勢帶來的安全性優勢、先行者優勢，有助再拉開與其他電動車品牌的差距，這才是馬斯克積極降價促銷的初衷。

回到章節之初，**如果你還在套用台灣股王殞落的邏輯去思考美股**，**換個腦袋吧**！兩邊的現金水位、用戶黏性、數據量，造就了護城河的深度大不同，被同質產品或新進者取而代之的可能性也很不同。

★ 美股股性 長期向上趨勢明確

哪一種類型的投資人，適合操作美國龍頭科技股？我的答案是所有人，只要你沒有把雞蛋放在同一個籃子裡（同一檔股票）、採用本書提到的選股原則、避開一些

腦充血的錯誤，無論是小資族或富豪，都不難在美股市場獲利。只要能在美國大型權值股之間適度的分散配置，長期下來都能享有非常不錯的投資報酬率，**因為美股的特性之一是多頭的方向趨勢性相當明確。**

以下根據 Invesco 那斯達克 100 指數 ETF（美股代號 QQQ）近 20 年的走勢，幫助大家對美股的股性多一些感覺。

從圖表 1-2 看起來，美股長期向上的多頭趨勢相當

 QQQ

QQQ 全名為 Invesco 那斯達克 100 指數 ETF，追蹤的是那斯達克（Nasdaq）100 指數，該指數由 100 家在那斯達克證交所上市的成長股組成，刻意避開金融股來篩選出權值股，並以市值加權，其中，7 大科技巨頭的占比超過 4 成，所以那斯達克 100 指數及 QQQ 可以視作美國大型科技股的指數代表。

明確，總是大漲小回、越墊越高，明確的多頭節奏。即便你運氣超衰，買在 2008 年金融海嘯事發之前的高點，持有至今，每年的年化複利報酬率居然高達 14%，15 年間資產翻了 8 倍之多！

圖表 1-2 美國大型科技股韌性極強（以 QQQ 為證）

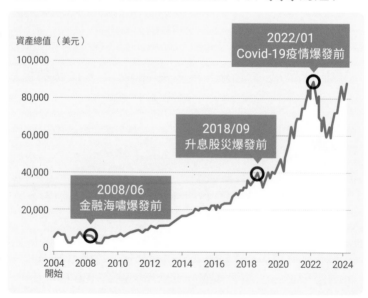

資料來源：Portfolio Visualizer網站，複利率計算方式：輸入QQQ for 100%資產，時間選2008～2023年回測歷史結果，CAGR（年平均複合成長率）＝14.6%

又或者買在 2018 年股災前的高點，在當時看來運氣也不好，過了 5 年資產竟也能翻 1 倍！

是的，你沒看錯，我說的是一些相當糟糕的進場點，不過時間一拉長之後，屢屢證明美股這個市場的超強韌性，**每次等空頭波段結束後**，**總是有辦法再創新高**。至少到目前為止，投資美股科技指數、投資大型科技權值股，只要把時間拉得夠長，勝率近乎 100%。

呼應股神巴菲特的「雪球理論」：「只要找到濕的雪，和很長的坡道，雪球就會越滾越大。」一語道出投資的本質，在美股這樣的市場，長期下來，時間複利的威力是非常驚人的。投資人只要把握分散配置、長期投資，「長期複利」錢滾錢的結果，就能享受到非常可觀的報酬，而且請注意，這種報酬率是「長期可累積的」！不是那種靠焦慮盯盤、殺進殺出的辛苦錢。

對小資族來說，這樣的市場非常適合存股，尤其是

以追求「時間複利」為目標的價差型存股，定期投入「存美股」是非常棒的選擇。這觀念與台灣崇尚的「追求股息」的存股法有挺大區別，稍後的章節再為大家好好說明。

　　對高資產人士來說，投資美股也有分散風險的意義。過去我在私人銀行服務期間，經常向高資產客戶們建議，盡可能讓投資配置更多元分散在不同的資產類別、幣別、產品。當一個台灣人開始投資美股，某種程度上，也代表「分散配置」好的開始，除了有助分散集中台股的風險、台海政治局勢風險以外，別忘了美股是用美元去買，無形中也分散了貨幣配置的風險。

　　回到巴菲特的雪球理論，美股無疑是那「夠濕的雪」，只要方法用對，長期享受複利累積並不難。想把雪球滾得更大，你必須做的就是盡早投入這市場，盡早開始投資。不然雪球一直沒開始滾動，雪道再濕也沒用。

投資筆記

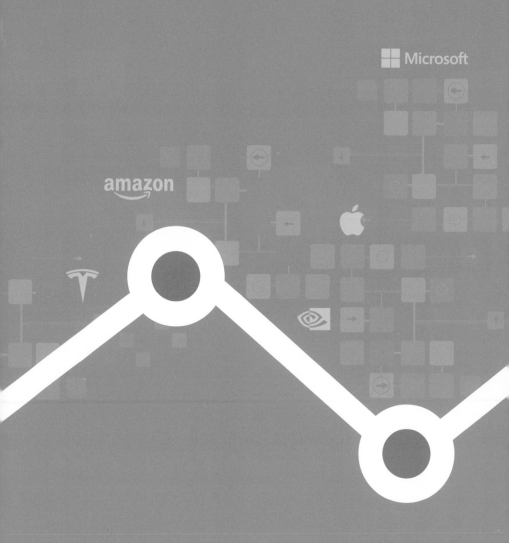

TECHNOLOGY

∞ Meta

單元 **2**

清除「台股記憶」
建立贏家 **4** 大觀念

★ 觀念 1：美股漲勢集中 大者恆大

★ 觀念 2：順勢操作勝率高 別輕易分手

★ 觀念 3：不執著本益比 以免錯過好公司

★ 觀念 4：別管股息高低 總報酬才是關鍵

美股與台股的結構、股性都有所差異，若用太多「台股記憶」來操作，不見得對績效有幫助。

我在許多講座的開場，喜歡開宗明義和觀眾溝通 4 個觀念，這也是我認為投資美股該有的贏家思維，希望這 4 個觀念能化解投資人對美股的陌生感及錯誤認知，期待大家放寬心胸，擱置過去的「台股記憶」，跟我一起用全新的視角看待美股這個市場。

★ 觀念 1　美股漲勢集中 大者恆大

以 2023 年為例，標普 500（S&P 500）指數全年漲幅約 2 成，光 7 大科技龍頭股就包辦了約 9 成的漲幅，圖表 2-1 顯示，7 巨頭 2023 年漲幅最高為輝達（Nvidia），全年股價漲幅達 238%，漲幅最少的蘋果（Apple）股價也上漲了 48%，相較之下，標普 500 指數中的其他股票僅僅增長了 6%，表現相形失色。

圖表2-1 7大巨頭包辦標普500指數9成漲幅

公司名稱	美股代號	2023年初價格(美元)	2023年末價格(美元)	2023全年漲幅(%)	占指數權重(%)
輝達 (Nvidia)	NVDA	146.14	495.22	238.87	2.88
Meta (臉書母公司)	META	120.34	353.96	194.13	2.14
特斯拉 (Tesla)	TSLA	123.18	248.48	101.72	1.86
亞馬遜 (Amazon)	AMZN	84	151.94	80.88	3.70
Alphabet (Google母公司)	GOOG	88.73	140.93	58.83	1.90
微軟 (Microsoft)	MSFT	239.82	376.04	56.8	6.58
蘋果 (Apple)	AAPL	129.93	192.53	48.18	7.05
平均值				111	

資料來源：CMoney法人投資決策系統，指數權重日期為2023/12/29，股價漲幅為作者計算。

　　許多華爾街分析師的報告因此開始有了「驚奇 7 巨頭」（Magnificent Seven）vs「標普 493」（其餘不太漲的 493 檔股票）這樣的說法。這兩種美股投資者的情緒顯然是天差地遠，2023 年初買進 7 巨頭的投資人輕鬆寫意，看著手中的持股或再創新高、或高檔整理，整年幾乎都沒有明顯轉弱的跡象，其他股票的投資人則是羨慕不已，大盤看似挺強的，但手中持股就是沒法大漲。

　　當然，風水可能會輪流轉，不代表未來 7 巨頭以外的其餘股票就沒機會。但值得思考的是，2023 年這種「9 成指數漲幅集中於 7 檔龍頭股」的奇特現象，究竟原因為何？為何 7 巨頭的股票能成為機構法人的投資首選，獲得源源不絕的買盤流入？

　　此現象絕非偶然，關鍵因素在於，7 巨頭背後有實質獲利的真金白銀在撐腰，其 19% 的淨利潤率水準，遠高於標普 500 指數其餘成分股的 9.8%。未來成長性也比其

他大多數公司更好，長期 EPS（每股盈餘）的增長預期為 17%，而其餘公司平均僅僅約 9%，可見科技巨頭賺錢的功力，確實比一般公司強很多。無論利率、景氣循環如何更迭，但華爾街不變的邏輯是：「喜歡能賺到真金白銀的公司」。

2022 年因升息循環導致的大空頭年，是對美國龍頭股一大「韌性的考驗」，當時 7 巨頭的股價也遭受重擊，難逃被急殺的命運。但在驚險時刻過後，2023 年 7 巨頭再度上演大反攻，股價和獲利成長重新奪回絕對領先地位，與其他成分股的差距再度拉大。

僅僅花了 1 年左右，蘋果、微軟（Microsoft）、輝達的股價，連同那斯達克（Nasdaq）指數都在 2023 年創下歷史新高，而 Meta（臉書的母公司）、亞馬遜（Amazon）、Google（母公司 Alphabet）也都在當年收復大部分失土，科技股的韌性再次展現。

　　我無意貶低標普 500 指數其他的成分股，裡頭仍有許多適合價值投資的優質機會，**不過對於美股新手而言，可以先從大型龍頭股開始練功**，熟悉規則並取得不錯的美股績效，再擴大眼光到其餘的股票去淘金，是我觀察許多投資人在美股成功的標準路徑。

★ **觀念2 順勢操作勝率高 別輕易分手**

　　圖表 2-2 是那斯達克指數近 20 年的走勢圖，看出了什麼沒有？很明確的多頭走勢，總是大漲小回，過了一段時間都能再創新高，雖然過去績效不代表未來，但這市場的歷史紀錄至少是優良的。

　　在這樣的股性之下，只要秉持順勢操作的原則，要賺錢真的不難。你可能聽過一句話：選擇比努力更重要。人生的諸多層面都是如此，投資這件事也不例外。選擇投資美股這樣的市場，向上的趨勢性強，幾乎已經註定

圖表2-2 那斯達克指數近 20 年走勢呈現大漲小回

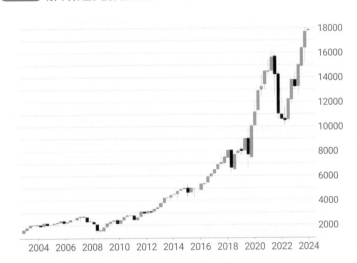

資料來源：CMoney法人投資決策系統，2004～2024年

是個好的開始，成功了一半！

　　不過要提醒一點，精確來說，美股的長期大多頭向上趨勢，指的是美股指數，也就是美股的大盤，而龍頭股都是大型權值股，也是指數能上漲的主要貢獻者。也就是說，**投資若能「分散配置在主要龍頭股」，長期績效**

將相當不錯，但不等於美國「每一檔股票」長期鐵定向上，這點是讀者們必須釐清的。對美股再怎麼信心滿滿，也不建議在單一股票重押身家，特別是一些中小型的迷因股票。

在一個對的多頭市場，若能順勢操作，投資其實很好做，只要不犯大錯，就已經成功了一半。那麼「順勢操作」有哪些注意事項？哪些不該犯的錯？

戒除懼高症 不預設高點

像這樣一個多頭市場，拉回就是好買點，創新高也是買點。這點知易行難，在台股不見得對，但在美國龍頭股，這樣做很難錯。許多人股票抱不住是因為有「懼高症」，每逢股價逼近前高之時，就容易胡思亂想，聯想技術分析的「M頭」、「頭肩頂」走勢，自己嚇自己，輕易地在高點附近出脫股票，相當可惜。

其實，歷史經驗告訴我們，害怕高點買入之後的崩

盤情境只是庸人自擾。如果每逢高點就賣出美股，往往會錯失後面向上突破後的一大段漲幅！許多美股的實證研究指出，就算是每當創新高「才」進場買入，未來 12 個月的平均漲幅是 8% ～ 10%，很不錯對吧！歷史新高其實是短期看漲的訊號，一旦股價刷新歷史紀錄漲上前所未有的高點，往往一去不回頭，持續創造更高的「新高點」，這現象在美股屢見不鮮。

不要隨便殺低！

再強的市場，一樣會有空頭年、修正波，當然這在美股並不常發生，不過，偶發的黑天鵝事件仍可能造成市場急殺。如果覺得當前市場狀況多、氣氛差，倘若真的買不下手，拉回修正時可以不加碼沒關係，但請勿隨便殺低，因為在這種大多頭的市場，低點亂賣，非常容易砍在阿呆谷！

永遠別完全離開市場！無論利空消息再多、市場風雨

再大，我習慣至少把 50% 的資金留在美股，不輕易脫手。

買一籃子股票 比押寶個股好

對新手而言，相對保險的方式是「一籃子一起買」，建構一個至少有 5 檔股票的投資組合，分散風險，別只挑 1 ～ 2 檔弱勢股、強勢股來買。許多人的通病，喜歡看線圖選美、看線形決定進場的緣分，或者因懶惰而不願意分散配置，只想重押在 1、2 檔比較順眼的股票。事實上，在新手的選股功力進化到中高手之前，這樣集中持股的績效不見得會比較好。

遇過不少在台股有「個股重押迷思」的投資人（只投資個股、不買 ETF、不愛分散投資），在操作美股之後，思維改變了很多，才驚覺原來「分散投資也能大賺」，這是許多人先前沒想過的！

我們以超級分散的標普 500 指數為例，裡頭有 500 檔成分股，如果按「重押族」的邏輯，這麼分散應該很

難賺大錢吧？非也！非也！自 2013 年起，標普 500 指數表現最好的 3 個年份是 2013、2019、2021 年，年度漲幅分別為 32.4%、31.5%、28.7%（圖表 2-3），是不是比你想像中要好很多？

即便在 2018 年、2022 年出現下跌，但隔了 1 年之

圖表2-3 標普 500 指數年度漲幅（2000 ～ 2023）

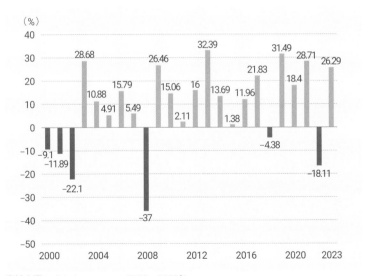

資料來源：slickcharts.com，2000～2023年

後，所有跌幅失土都收復了，甚至還再創新高。

進一步拉長時間，回顧過去 100 年，標普 500 指數僅僅只有 26 年是下跌的，證明投資美股勝率之高。**許多人羨慕股神巴菲特的績效，但如果「選對市場就成功了一半」，準備前進美股的你，想長期獲利也絕非難事。**

圖表2-4 標普500指數近百年僅26年下跌

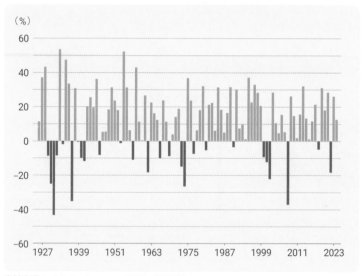

資料來源：slickcharts.com，1927～2023年

★ 觀念 3 不執著本益比 以免錯過好公司

2023 年上半年，當 AI 題材興起，輝達股價開始起漲，本益比拉升再拉升時，財經媒體開始出現這樣的報導：「輝達股價創新高，本益比飆升至 XX 倍，專家示警⋯⋯」，同樣的新聞也常見於任何一檔龍頭股創歷史新高之際。

以後再看到這類新聞，真的笑笑就好，不用太當真。如果太執著本益比這件事，美股有可能一檔都買不下去，只能眼睜睜被軋空手錯過漲幅。

我自己的選股決策過程，很少參考所謂的本益比。如果你想投資美國科技股卻死盯著本益比看，就劃錯重點啦！

還記得開頭提到的「7 巨頭 vs 標普 493」的落差吧？一邊是每年追求雙位數成長的成長型公司，一邊是每年個位數成長的價值型公司，哪一種更適合長期存股呢？就我本身的投資邏輯，更偏好長期持有前者的股票，因

為有真金白銀的「實質獲利」在背後撐腰，才能當真正的老大，股價下跌後才能漲回來，必須有這樣的韌性才是適合長期存股的標的，台美兩地股市皆然。

　　投資成長股是看未來、不是現在。美股的科技股多為成長股，因為未來營收、利潤的成長性高，所以「本益比」理所當然會比一般的股票更高，這是金融市場的基本邏輯。

　　舉個例子你就能理解，有 2 家公司，一間賣傳統塑膠製品、一間賣最新的 AI 科技產品，這 2 間公司的股價本益比能一樣嗎？後者的「未來成長性」明顯優於前者，對吧？相對於未來只能個位數年成長的傳統產業，AI 產品的年複合成長率可能超過 30%。站在股價是「投資未來」的角度，後者的成長性更強，**理所當然應該享有更高的本益比，所以值得更貴的價格也合理，這正是華爾街看待所謂「成長股」的邏輯。**

這也是為什麼龍頭科技股的本益比，通常高於標普 500 的平均值，也高於台股。因為美國科技龍頭專注於許多科技領域的創新，具備「創造新產品、新市場」的能力，因此未來成長潛力遠高於傳產、金融、能源等這些「舊經濟」的領域。

本益比的公式為何？分子放股價，分母放 EPS（每股盈餘），合在一起看，代表「公司每賺的 1 塊錢，值得用多少股價去換取」，傳統投資學角度，本益比常被拿來衡量股票是否過熱、太貴的指標。

$$\text{本益比（P/E Ratio）} = \frac{\text{股價}}{\text{EPS（每股盈餘）}}$$

好公司因為成長力道強，值得更高的本益比。長久以來，華爾街傾向賦予美國科技股更高的本益比水準，白話的意義就是：因為成長性高，科技公司每賺的 1 塊

錢 EPS，比起一般股票，反映在未來有更高的成長價值。

從客觀的、風險的角度，更高的本益比，也象徵科技股的波動比起一般股票會更大。倘若現在股價反映的「未來盈利」無法兌現，每 1 塊錢的盈利減少，也會對股價造成更大的修正壓力。風險意識與控管當然重要，後面章節會分享一些檢視風險的判斷準則，但絕對不是靠本益比來判斷，投資美股最好先適應「高本益比」這件事，搞懂了就不再隨新聞起舞。

★ 觀念 4 別管股息高低 總報酬才是關鍵

這是很多台股投資人的迷思，特別是近年存股、高股息 ETF 正當道，很多台灣散戶選股熱衷於「股息水準、配息頻率」這些股息指標。台股存股用這樣的邏輯沒毛病，但套用在美股實在不大對。

事實上，**美國的科技公司幾乎不太配發股息，根本**

不發或者配得很少。像是特斯拉、Google、亞馬遜這些知名公司都是「完全不配息」。華爾街的認知裡，配息這件事可能造成資源「浪費」，原因如下：

▶*原因 1*

　　現金股利會被課稅，配發股息給股東，相當於被美國政府分走一杯羹，平白無故被課稅是種浪費。

▶*原因 2*

　　對科技公司而言，追求成長的過程需要大量資金，研發新產品、搞 AI、擴大招募全球人才等策略執行都必須砸大錢。若手頭有錢不投資，未來成長空間很可能受限，為了持續擴張，就得想辦法把錢花在刀口上，投資在新趨勢、新機會點。把現金這麼珍貴的資源配發給股東？對處於高速成長期的公司，顯然不是最好的做法。

　　巴菲特曾說過，公司之所以發放現金股利，是因為公司自己本身無法有效運用這些多餘的資金，才會選擇

投資
Tips

這些公司老闆都討厭配息

① Google

Google

② 特斯拉

③ 亞馬遜

amazon

④ AMD

AMD

⑤ 波克夏

BERKSHIRE HATHAWAY INC.

資料來源：Wiki

配發給股東。

話說回來，買美股不追求股息的話，那該追求什麼？答案是「總報酬」。從總報酬的角度來說，股息只占了一部分，價差的獲利是另一個貢獻的來源，也就是「總報酬率＝價差報酬率＋股息報酬率」。

許多投資人在台股跌怕了、套怕了，常常會有這樣的迷思：配息才是真正進口袋的錢，而價差是尚未實現的獲利，有可能會再跌回去。

　　還記得前面提到，巴菲特的雪球理論以及美股長期向上的趨勢特性嗎？美股的「價差報酬」取得相對容易，在這樣一個「一頭比一頭高、一底比一底高」的市場，在任何時間點買入，拉長時間往後 3 年再回頭來看，好像都算是相對低點，對吧？

　　回歸存股、定期投入的投資方式，什麼樣的市場最適合長期存股呢？**一個適合存股的市場，應該是長期向上、能持續創新高的市場**，因為「未來有更高的價值能期待」，才值得將每個月賺到的辛苦錢持續投入，而美國

投資
Tips

價差報酬才是美股績效的關鍵！

總報酬率＝價差報酬率＋股息報酬率

台股賺 10%，常常是價差 6% ＋股息 4%

美股賺 10%，往往是價差 9% ＋股息 1%

同樣是賺 10%，投資美股並沒有因為股息較低而吃虧！

科技股恰恰是再合適不過的存股標的。

圖表 2-5 以追蹤科技股比重高的那斯達克指數 ETF —— QQQ 為例，可以證明：即便運氣不太好，每次存股的時間點都在當初的「歷史新高點」，但持有 3 年後，再來回顧當初存股的報酬率，會得到出乎意料的奇佳結果，少則 30%，最好的時候還能翻倍。

簡單來說，**在美股存股，你不會因為股息這件事的高低而吃虧，存股標的的「價差報酬成長性」好不好，才是核心的關鍵所在**。美國科技龍頭股因為成長性夠強，所以絕對是「夠濕」的雪球賽道。

因為夠濕，對許多高成長公司來說，不配息或壓低配息，才是更好的選擇，這是與台股非常不同的思維。某種程度上，「配股息」這件事對科技公司而言，反而是阻礙雪球變更大的阻力。不然當每次公司成長、價值變高，雪球成功變大了一些，卻因為配發高股息，讓部

圖表2-5 每逢QQQ創高時買入 持有3年績效可觀

創新高日期	突破前高時QQQ價格（存股買點，美元）	3年後QQQ價格（美元）	持有3年報酬率（存股報酬率，%）
2016/07/12	111.45	193.53	74
2016/12/13	119.67	207.19	73
2017/08/31	145.97	294.88	102
2018/06/06	175.22	336.6	92
2019/04/23	187.54	329.58	76
2019/10/28	195.56	281.22	44
2020/06/09	237.48	354.5	49
2020/11/30	303.51	388.83	28

分資金離開了公司，相當於剝離掉一些外層的雪，一增一減又回到原點，反而增加雪球長大的難度。

像Google、亞馬遜這樣的「高成長」公司，即便沒配出半毛股利，但同樣一筆錢持續在公司裡「為公司所用」，科技公司不會偷懶，也想把生意做得更大，會好好

運用這筆錢投資在研發、人才、新產品等等，讓「沒配出去的資金」繼續當未來成長的「燃料」，一樣是在幫你把雪球無限滾大的概念，一樣有時間複利的效果在，還可節省股息稅的支出。因為成長的力道和續航力都強，美國科技公司的長期複利效果比絕大多數台灣公司更好。

在美股長期存股的關鍵，不在於股息有沒有配出，而在公司的「成長性」好壞。只要是能成長的好公司，雪球就會變大，還不用煩惱配出來的息是否再投入之類的問題，美事一樁。讓現金留在好公司，公司會自己幫你滾（往往比你自己滾更快），變大的部分若沒反映在股息成長，也會反映在股價的成長！也就是所謂的價差報酬。

如果太執著於股息思維，會錯過很多美國的好公司。反觀，利用價差滾出的「時間複利效果」，才是投資美股的王道。

投資筆記

TECHNOLOGY

單元 **3**

「新客護」選股法
挑出超強競爭力公司

★ 長青龍頭股 才是存股好標的

★ 創新力強 才能引領風潮

★ 客戶黏著度高 一輩子持續買你的單

★ 護城河深 龍頭優勢難撼動

★「新客護」好公司 具備高毛利率特色

前文提到 2023 年 7 大科技巨頭包辦標普 500 指數的 9 成漲幅，也講到這 7 家公司的護城河優勢，對於想投資美股又不會選股的投資人來說，很適合以這 7 家公司為首選標的。不過，若是你想要有其他選擇，也可以靠自身功力挑出具成長性的股票。

投資人初入美股殿堂，面對多元的產業、公司選擇，有如「劉姥姥進大觀園」，常有眼花撩亂的感覺。台股以電子科技產業為主，但美股的產業相對多元，科技、消費、醫療、工業、能源等等都有，公司的數量也比台股多很多，我常建議新手化繁為簡，不須把選股想得太難，只要掌握「新、客、護」3 大篩選標準，來判斷一檔股票競爭力夠不夠強，就能輕鬆篩選出優質的存股標的。

★ 長青龍頭股 才是存股好標的

怎樣的股票適合存股？台美股市皆然，好的存股標

的應該是：「長青的龍頭企業」。

　　長青，指的是能長期走多頭，未來股價能比現在更高的股票，才值得你現在買入、累積更多單位數。存美股的公司選擇，我們應該專注在那些有「超強競爭力」的公司，長期來說才能立於不敗之地。

　　股價上漲的過程，反映的無非是公司價值的增長。選股這件事，沒有財經專家講得那麼複雜，本益比、EPS（每股盈餘）、股利、訂單成長率⋯⋯這些只是公司有無競爭力的「結果」，而非原因。追根究柢，公司的股價要能上漲，前提是公司「價值」能持續成長，所謂的價值來自於公司的競爭力，是對手想模仿、抄襲也無法成功複製的關鍵因素。

　　我獨創的「新、客、護」選股法，**從創新力、客戶黏著度、護城河深度這 3 大維度去剖析**，就能輕鬆判斷一間公司的競爭力強弱，得到「存這檔股票好不好」的

答案。

新：將產品推陳出新、再進化的能力。當企業的創新能力越強，越有辦法引領潮流、帶動新趨勢，賺到藍海的大錢。

客：與客戶的黏著度。有死忠粉絲的絕對支持，企業追求成長的過程才會越輕鬆，老客戶持續回流，也有

「超強競爭力」的公司具備3大條件

創新力強 ＋ 客戶黏著度高 ＋ 護城河深 ＝ 優質存股標的

① 新：創新力強，有引領新潮流的能力。
② 客：客戶黏著度高，老客戶持續回流。
③ 護：護城河夠深，競爭者追不到車尾燈。
能集3大條件於一身的公司，就是優質存股標的。

助平緩營收波動。

護：護城河優勢。同樣是產業的一方之霸，幾十年過後，有些成為「長青的龍頭」，有些卻只是「一時的煙火」？關鍵就在公司的護城河有多深，所屬產業的進入障礙有多高。

存股，要將每月辛苦的血汗錢定期投入，而值得長期一存再存的公司，必須具備超強競爭力，才能真正做到長長久久，經過10年、20年股價還能歷久不衰，讓「長青的龍頭」幫你把人生財富雪球持續滾大。

★ 創新力強 才能引領風潮

從 iPod、iPad 到 iPhone，再到 Apple Watch，蘋果公司（Apple）擅長「從無到有」不斷創造出新產品、新服務，其創新力毋庸置疑。回顧蘋果公司的歷史，其實也曾有數款失敗的地雷產品，也經歷過創辦人賈伯斯

（Steve Jobs）過世、現任執行長庫克（Tim Cook）接班的陣痛期，這些都是對創新力的考驗與挑戰，而蘋果公司也一而再、再而三地挺過考驗再創營收高峰，這就是一間龍頭公司「超強創新力」的展現。

每個成功創新的產品，都為蘋果公司創造全新的產品藍海，帶來全新的收入，這種「藍海型」的優質收入，因為競爭較少，先行者可享有較高的毛利優勢，而非在紅海殺進殺出拚價格賺辛苦錢。另一方面，對於需要題材炒作的華爾街而言，全新產品無疑也是全新的題材，為未來成長新開了一扇門，讓股價、本益比都更有往上放大的想像空間。

「創新力」是美股公司非常重要的軟實力，具備超強創新力的公司往往能夠走在時代的尖端，自主引領潮流、創造新藍海及新收入，作新趨勢的開創者，而非只是跟隨者、抄襲者，也不會像某些二流的公司，幾十

圖表3-1 蘋果產品推陳出新 近10年股價持續向上

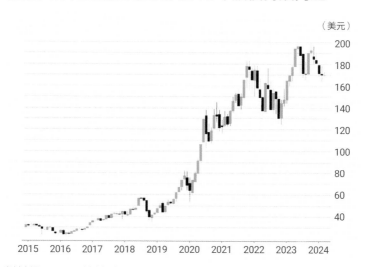

（美元）

資料來源：CMoney法人投資決策系統，2015/1～2024/5

年過去，就靠1、2款產品吃老本。蘋果公司的股價之所以能夠長期向上，就是透過 iPod、iPad、iPhone、MacBook、Apple Watch 這些源源不絕的創新產品，帶來新的價值累積而成。

在這個滿是新科技、人工智慧的年代，科技趨勢、

消費者口味、市場環境都快速變遷，日新月異的環境下，「以不變應萬變」的老舊思維已經不管用。一間企業如果自身創新、應變的能力不足，越容易受到新產品、新的產業趨勢衝擊，而導致營收或股價下滑。

存股最怕存到「煙火型」的公司，指的是那些純粹搭上特定股價題材、短暫炒一波就消失的股票，沒有創新力就沒有長期續航力，就只是「一時的煙火」，不是好的存股標的，不值得你把辛苦賺到的血汗錢持續投入。

創新力、應變力是現代企業必備的能力，唯有創新，才能持續長大，才能長期坐穩龍頭的位子，別人搶不走。

還記得過去 Sony 的隨身聽、柯達的底片相機、Nokia 的手機嗎？這些都是曾經紅極一時、利潤很棒的產品，為「當時的龍頭」賺進大把鈔票。但由於公司創新的軟實力不足，面對新進的競爭者、替代產品的挑戰時，無法及時應變創新，而將大半江山拱手讓人，無法當長

青的搖錢樹。

存股當然不希望上述的歷史重演，所以必須挑選創新力夠強的公司，才能確保企業的競爭力可以長期維持下去。無論科技產品、題材趨勢如何推陳出新，只要企業自身的創新力、研發力夠強、商業嗅覺夠敏銳，就能順應時代的潮流，一變再變、不被淘汰。

★ 客戶黏著度高 一輩子持續買你的單

客戶的「黏著度」有 2 種維度：一種是來自鐵粉發自內心的忠誠度，不變的支持與愛戴，例如對超級果粉來說，每每蘋果出新機，無論多貴、功能和前一代差異是大是小，都會繼續購買，沒有二心。

為何蘋果產品對客戶的黏性可以如此之高？背後原因有很多，我們先不討論主觀上「拿 iPhone 真比較炫嗎？」、「Apple Watch 的設計是否比較好看？」，單純

從使用者習慣來說，用過 iPhone 的人，習慣 iPhone 的操作介面之後，即便看到非蘋陣營推出的安卓（Android）手機優惠促銷，也無動於衷。

很難說哪個品牌手機的使用者介面做得最流利順手，但「習慣」這件事一旦養成，深植在消費者的心中後，非常難以改變。當你習慣使用 iPhone，習慣將更多檔案上傳到 iCloud，習慣用 AirDrop 傳檔案給 MacBook，習慣用 Apple Pay 來付款，就越離不開蘋果公司的生態圈。你與蘋果公司的關係，就越來越「黏」，蘋果就能持續賺到你的錢。

另一種我稱作「被迫忠誠」，某些產品或服務，因為轉移成本太高，客戶想逃也逃不走，終究會持續使用你的產品，不輕易改變。

例如 Google（母公司為 Alphabet）旗下的 Gmail，就是很好的例子。當全球多數人都使用 Gmail 來收發電

子郵件，養成習慣之後，當你在各大網站註冊、Chrome

瀏覽器登入、提供客戶所使用的電子郵件，通通跟同一

個 Gmail 掛鉤時，實在很難離開 Google。即便世上有另

一家新創公司提供更好用、更厲害的 Email 服務，多數

人一想到「離開 Gmail」的種種麻煩，也不願意轉移。

　　對科技巨頭們而言，客戶越黏、越離不開你，則營

圖表3-2 與使用者的關係越黏 Google 股價越高

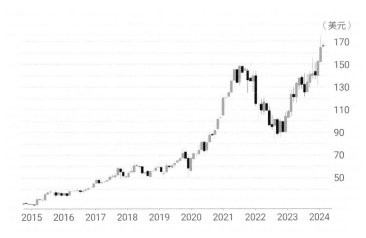

資料來源：CMoney法人投資決策系統，2015/1～2024/5

收的波動度越小，獲利越穩健。當未來推出新產品或新服務時，也較容易向客戶交叉銷售，進一步放大每位客戶能貢獻的價值。**這些價值，最終都會反映在股價上。**

★ 護城河深 龍頭優勢難撼動

　　一聽到操作龍頭股，資深股民可能又開始憶當年。台灣曾經的股王，如 1980 年代末期的國泰金（台股代號 2882）、2011 年的宏達電（台股代號 2498），是許多人不願回首的往事。那美國的龍頭股呢？是否可能重演某些台灣股王的悲慘歷史？如果略懂護城河的概念，就知道無須多慮了。

　　台股歷史上的許多股王、股后，護城河都不夠深，所以只能當「一時的煙火」，反觀美股這些世界龍頭們，都有超深的護城河保護自身優勢，讓龍頭地位能長長久久延續下去，這是關鍵差異所在。

　　所謂的「護城河」是企業管理專家常用的專有名詞，白話一點叫「進入障礙」，當一個產業的護城河越深，表示進入障礙越高，龍頭的「先行者優勢」會越明顯，對於後進者來說越不利，越不容易扳倒原本的龍頭霸權。

　　商場如戰場，一個高獲利、高成長的明星產業，勢必引來商業競爭者的覬覦，所以護城河必須夠深，對龍頭企業來說才有保護的效果，免於要跟後進者、模仿者競爭訂單、競爭價格。

　　以電動車市場為例，當特斯拉（Tesla）成功建立電動車的製造模式後，必定引來全球各大傳統車廠品牌的覬覦，爭相要投入電動車、充電樁等相關市場。這件事你知我知，特斯拉執行長馬斯克也心知肚明，所以特斯拉想維持在電動車市場的超強競爭力，就必須想辦法「挖深」護城河。

　　如何思考一間公司的「護城河」深不深？以下是我會考量的面向，提供評量表讓讀者簡單自主評量：

投資
Tips

護城河優勢評量表

我想存股的公司：_____；該公司所屬的產業：_____

1.在 _____ 市場，「_____」是老大，那老二是誰？之間的差距很大嗎？（差距越大，給越高分）

☐ 1分　☐ 2分　☐ 3分　☐ 4分　☐ 5分

2.如果挖角「_____」幾位高階主管，是否就能複製出下一間「_____」？（複製難度越高，給越高分）

☐ 1分　☐ 2分　☐ 3分　☐ 4分　☐ 5分

3.新的競爭者若想跨入_____產業，除了資金以外，須要克服什麼障礙？（障礙越大、問題越多，給越高分）

☐ 1分　☐ 2分　☐ 3分　☐ 4分　☐ 5分

4._____ 產業是否存在「規模經濟」特性？（如果銷量未達一定門檻，就無法生存；經濟規模要求越高，給越高分）

☐ 1分　☐ 2分　☐ 3分　☐ 4分　☐ 5分

5.有什麼稀缺資源，握在「_____」手上，其他人難以取得？（稀缺資源越難取得，給越高分）

☐ 1分　☐ 2分　☐ 3分　☐ 4分　☐ 5分

6.「_____」的客戶，如果想更換供應商或自主研發的代價高嗎？（移轉成本越昂貴，自主研發難度越高，客戶的依賴度越高，給越高分）

☐ 1分　☐ 2分　☐ 3分　☐ 4分　☐ 5分

總計：_____分，至少16分以上，才會列入潛在存股名單。

①上述分數加總越高，代表這間公司的護城河越深，越難被複製或取代，是好事；② 加總後，龍頭含金量的分級：20分以上 → 金龍頭，非常適合存股；16～19分 → 銀龍頭，適合存股；15分以下 → 紙龍頭，不該存股。

護城河優勢評量表：以輝達（Nvidia）為例

1.在AI晶片市場，「輝達」是老大，那老二是誰？之間的差距很大嗎？

➡ 老二是超微（AMD），兩者在高階晶片的技術差距不小。

☐ 1分　☐ 2分　☐ 3分　☑ 4分　☐ 5分

2.如果挖角「輝達」幾位高階主管，是否就能複製出下一間「輝達」？

➡ 很難，挖得走主管，但挖不走輝達團隊的超強執行力、扁平化的組織文化、繪圖處理器GPU領域的技術優勢等等無形資產。

☐ 1分　☐ 2分　☐ 3分　☐ 4分　☑ 5分

3.新的競爭者若想跨入AI晶片產業，除了資金以外，須要克服什麼障礙？

➡ 與半導體上游的關係，不然高階晶片產能可能搶不到。AI軟硬體之間的整合必須優化，不然AI應用端需求可能無法滿足，或者運作成本太高，達不到輝達執行長黃仁勳口中的「買越多、省越多」。

☐ 1分　☐ 2分　☐ 3分　☑ 4分　☐ 5分

4.AI晶片產業是否存在「規模經濟」特性？

➡ 普通。

☐ 1分　☐ 2分　☑ 3分　☐ 4分　☐ 5分

5.有什麼稀缺資源，握在「輝達」手上，其他人難以取得？

➡ 晶圓代工產能、GPU技術的絕對領先、CUDA的AI生態圈。

☐ 1分　☐ 2分　☐ 3分　☑ 4分　☐ 5分

6.「輝達」的客戶，如果想更換供應商或自主研發的代價高嗎？

➡ 光就晶片單賣而言，移轉供應商的成本並不高，不過輝達近年力推AI生態系統「整機賣」。長遠來看，整機賣象徵封閉化，比起單賣晶片，「一站式」解決方案能將更多關鍵技術留在自家，或是提高客戶想轉單或自研的成本。

☐ 1分　☑ 2分　☐ 3分　☐ 4分　☐ 5分

總計：＿＿22＿＿分，歸類於「金龍頭」等級

註：CUDA（Compute Unified Device Architecture）是一種專門用於加速GPU運算的專利軟體技術，輝達一手打造其介面標準，是全球GPU工程師必備的程式語言。

　　護城河的這些討論，是希望找出有「長期超強競爭力」的公司，分數越高，越不容易被後進者挑戰或取代。我們把錢長期存在龍頭股，當然希望它是個「長青的龍頭」，20 年後，最好龍頭依然是龍頭，可別物是人非，被老二或新競爭者給超越。

　　當一間龍頭公司的護城河越深，形成越強的「天然屏障」，好比中央山脈是台灣西部的保護罩，會削弱颱風強度一樣，**夠深的護城河，會自動削弱後進者的競爭力，讓龍頭企業的優勢得以維持更久，股價的長期續航力更強。**

★「新客護」好公司 具備高毛利率特色

　　前述的評估法則，牽涉到一些主觀認定的成分，如果你對自我評量的結果信心不足，或自覺對產業的了解程度沒到這麼深，也可以從財務報表中找答案，避開正在走下坡的龍頭。一間公司的競爭力強不強，看「毛利

率」就知道。

　　毛利是營收扣掉成本後所得的利潤，這裡的成本是指「生產的直接成本」，像是原物料、包裝、零組件等支出及費用。扣除掉這些成本後，再去除以營收（產品售價），得到毛利率的概念。公式如下：

$$毛利率＝\frac{產品售價 － 生產成本}{產品售價}＝\frac{營收 － 生產成本}{營收}$$

　　毛利率反映的是，這家公司產品的「競爭力」夠不夠！舉個簡單例子：1 杯拿鐵賣 100 元，假設咖啡豆、熱水、牛奶、紙杯、杯蓋、杯套等成本共 40 元，毛利就是 60 元，毛利率為 60÷100 ＝ 60%。

　　不論是賣飲料、賣手機還是賣軟體，生產商品的過程一定有成本產生。站在做生意的角度，商人希望銷售的金額高一些，成本盡量低一些，這樣能賺更多的錢。

但問題是，東西賣得太貴，有被客戶嫌貴的風險，消費者、客戶可能不願買單，轉去購買競爭對手的商品。**所以當一間公司毛利很高，代表公司的產品對客戶而言，具有很強的「議價能力」**，才敢賣得比別人貴，敢賺得更多。

星巴克（Starbucks）不怕你嫌咖啡貴，蘋果不怕你去買安卓手機，輝達也不怕你去別家買 AI 晶片，背後就是這個道理。所以 150 元的星巴克拿鐵、4 萬元的 iPhone 手機、破百萬元的輝達 AI 晶片，明明都不便宜，卻都有人願意買單，甚至還搶著買單！表層意義是產品供不應求、需求強勁，深層意義則是公司對客戶的「議價能力」夠強，所以「有本錢」抬高售價，有本錢最大化自身的毛利率。

這「本錢」就是我們一直在提的公司競爭力，會反映在毛利率上頭。世界一流科技公司的毛利率都相當高，

Meta（臉書的母公司）是 80%，微軟（Microsoft）的毛利率接近 7 成，Google 落在 55%，我們的護國神山台積電也有 55% 的毛利率水準。公司享有高毛利，來自於客戶的肯定，背後傳達的訊息：「即便你的東西不便宜，但客戶會買單」，這是超強競爭力的展現。

「人無千日好、花無百日紅」，經濟循環必然有上下起伏，公司營運一定有旺年、淡季之分，高毛利的企業，在景氣低谷時期的優勢會更明顯。當毛利夠高，有更大的空間進行促銷打折，也更有把握度過難關。

例如，2020 年全球受到 Covid-19 疫情衝擊，導致生活型態及消費習慣有很大的改變，低毛利（生產成本較高或售價不夠高）的商家相對承擔更大的風險，存活率下降，甚至可能因為不堪虧損而倒閉。擁有高毛利的公司相對容易存活下來，一旦大環境好轉，存活下來的店家因為競爭者減少，反而擁有更好的利基點。

圖表3-3 公司產品毛利高代表的意義

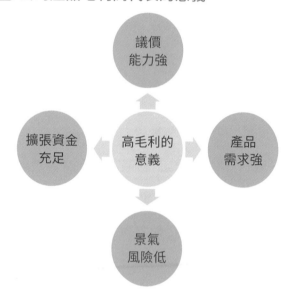

　　高毛利公司擴張事業的燃料，也比別人多。毛利率高的公司，通常變現能力強、週轉效率高，手頭上的現金比低毛利的公司多，之後要進行新技術、新事業的投資，銀彈也比較充沛，錢多不僅好使，試錯空間也更大。

　　Meta 就是一個很好的例子，在高達 80% 毛利率的撐

腰下，即便執行長祖克柏（Mark Zuckerberg）犯了一些決策上的錯誤，例如元宇宙搞了許多年，燒了數百億美元的資金還看不見結果，但因為整體的毛利率實在太高，「容錯空間」夠大，對整個 Meta 來說，不至於傷筋動骨。反觀低毛利的公司，沒有多餘的本錢犯錯，如此一來一往，高毛利龍頭的競爭優勢就拉得更開了。

每次的美股財報季，我認為「毛利率」是重中之重，最值得關注的財務指標。90% 的股民或許沒有能力徹頭徹尾讀完整個財報，時間不足的話，盯著「毛利率」這個數字的變化即可。財報公布後，無論股價是漲是跌，只要毛利率有維持住，都還能放心繼續存股。

反之，**如果「毛利年成長率」連續 3 季下滑，是一大重要警訊！**最好先停看聽，暫不投入更多資金存股，等公司的毛利狀況回穩到正成長的軌道，再繼續存入資金也不遲，具體的警訊對策 SOP，在單元 6 有完整的討論。

TECHNOLOGY

∞ Meta

存10檔科技好股
和華爾街大佬一起賺

★ 輝達：技術領先典範 從 GPU 之王到 AI 之王

★ 微軟：AI 賦能典範 全線產品營收皆受惠

★ Google：用戶黏性典範 從免費到上癮變現

★ 亞馬遜：多角經營 跨界龍頭典範

★ 10 檔科技股 值得列入存股清單

自 2023 年起，生成式 AI（Generative AI，生成式人工智慧）開創了科技新時代，為科技股的長期增長添加新動能。隨著 ChatGPT 橫空出世，短短 2 個月內就累計破億使用者，且全球的使用者仍持續快速增加中，AI 繪圖、AI 寫文章、AI 寫程式、AI 作詞作曲、AI 拍電影⋯⋯各類 AI 應用百花齊放。AI 理解人類世界的能力超乎想像，全面引爆許多領域的軟硬體需求。

如同輝達（Nvidia）執行長黃仁勳多次強調的「AI 的 iPhone 時刻已經到來」，生成式 AI 的崛起，大幅降低了各類創作、寫程式的門檻。就像 10 幾年前，蘋果推出 iPhone 手機，改變了數十億人的生活型態，創造出全新的智慧型手機產業鏈，也改寫了全球科技業的版圖。生成式 AI，同樣會改變許多生活與工作型態，也會創造出全新的產業鏈、全新的價值。

現正上演的 AI 超級趨勢，普遍被認為是未來至少 10

年的超大型題材,不只是一時的煙火。台股的 AI 概念股偏重於伺服器、手機、PC 這些硬體產業,但在美股,AI 的受惠族群可謂百花齊放,不只半導體,還有更多參與 AI 軟體、AI 服務的好機會。

無論是軟體還是硬體,AI 的科技版圖,過去、現在和未來,會持續由美國企業稱霸全球,也是全球股民參與 AI 趨勢的首選市場。有別於 2000 年網路泡沫時,企業變現力不足,當今的 AI 盛世,科技巨頭們都非常重視 AI 的實質變現力,無不積極尋找能帶動收入的實質商機,讓 AI 不只是自嗨的口號,而能夠帶來實質的真金白銀。

AI 時代,人人都應該重新認識這些科技巨頭,當 AI 相關的產品、業務不斷推陳出新,這些科技龍頭的「形狀」有可能 3、5 年一大變,甚至年年都在變。但我們評估公司競爭力的原則不會變,AI 時代同樣可套用前面單元強調的「新、客、護」競爭力評量法,來評估到底值

不值得存股。

接下來解讀幾家科技龍頭股的核心競爭力，以及 AI 時代各自的優勢、定位何在。**隨著看過、思考過的個股案例越多，相信你在公司競爭力的評估及選股眼光上，會越來越精準。**

★ 輝達 技術領先典範 從 GPU 之王到 AI 之王

訓練 AI 必須使用龐大的運算資源，而隨著 AI 進步，運算需求量將變得越來越大。比方說，2018 年推出的第 1 代 GPT-1，宣稱使用「8 張 GPU 跑了 1 個月」；2020 年推出的 GPT-3，消耗了比第 1 代 GPT 整整高出 4 千倍的運算資源。下一代 GPT-4 的運算需求，又比 GPT-3 多了好幾倍。AI 對運算能力及 GPU 數量的需求，成長飛快。

記得我們在前一單元「護城河優勢評量表」有一題問到「稀缺資源」嗎？運算能力（以下簡稱算力）就是

AI 時代最稀缺的資源之一，任何科技大廠想要發展人工智慧，很難不向輝達（Nvidia，美股代號 NVDA）採購 AI 級的晶片。輝達的高階資料中心晶片，就是 AI 時代的關鍵「稀缺資源」，也難怪訂單蜂擁而至，供不應求。

為何輝達開發的 AI 晶片，算力及效能有辦法領先全球所有競爭者？要處理 AI 的海量數據、訓練、推論，使用 GPU（繪圖處理器）的晶片架構是首選，這也是輝達能在 AI 時代黃袍加身的關鍵。

早期輝達就是做 GPU 繪圖晶片起家，是全球研發 GPU 最專業的廠商，沒有之一，所有 GPU 的關鍵技術，都抓在輝達的手裡。例如，CUDA（統一計算架構）是輝達當初專為 GPU 量身打造設計的程式語言，全世界沒有人比輝達更熟悉這種 GPU 主流研發工具。正因為「GPU 晶片處理 AI 運算最好用」，所以 AI 時代的晶片龍頭，當然非 GPU 的王者莫屬。

盤點輝達的「新客護」競爭力

創「新」力：強

- GPU 晶片之王，再到 AI 晶片之王，在高階晶片、超級電腦的技術研發實力極強。
- 從 Hopper、Blackwell 到 Rubin，再到對中國量身打造的繞道晶片（突破美中半導體禁令），輝達的產品策略靈活。

「客」戶黏著度：高

- AI 晶片屬賣方強勢的市場，客戶爭搶輝達的產能。
- 當 AI 應用越百花齊放，軟體服務商彼此競爭越激烈，算力資源的搶奪越兇，輝達與客戶的關係就越黏。

「護」城河：深

- 對 GPU 程式開發工具「CUDA」有百分百的完全控制，且刻意讓 CUDA 綁定自家晶片，鞏固了輝達的 AI 生態圈。
- 與半導體上游的合作關係緊密，搶產能的高手。

華爾街分析師常強調，「毛利率」是衡量公司競爭力最好的財務指標。普遍來說，硬體公司的毛利率極限

差不多在 50% ～ 55% 水準，一般不像軟體公司的毛利率這麼好。但市場對 AI 晶片的需求實在太強，整個 AI 晶片市場是賣方強勢，輝達的議價能力超強，有本錢不斷抬高晶片的單價、總價，也帶動輝達的毛利率來到 70% ～ 75% 的超高水準，比起 Covid-19 疫情時期的高檔 65.5%，硬是高出了 5 到 10 個百分點。

一間主營硬體的公司，毛利率足以媲美軟體公司，難能可貴，這是超強競爭力的展現。

★ 微軟 AI 賦能典範 全線產品營收皆受惠

微軟（Microsoft，美股代號 MSFT）在 AI 應用端的超強競爭力，自大舉投資 ChatGPT 的母公司—OpenAI 開始說起，作為 OpenAI 的最大股東，微軟巧妙地把 ChatGPT 這張牌打得很好。

微軟是「靠 AI 提升服務價值」的佼佼者，將

ChatGPT 的商業功效發揮得淋漓盡致。與 OpenAI 合作後，微軟在幾乎所有產品與服務及各個技術層次全面導入 AI，與現有軟體平台及服務進行大舉整合，這種與現有產品直接整合的打法，比起從頭開發另一個全新的 AI 產品，能更快速放大 ChatGPT 的價值。

2023 年 7 月，微軟公布人工智慧加值服務的價目表，AI 賦能後的 Office 365 Copilot（即附帶 ChatGPT 版的 Office 系統），每個企業用戶的月訂閱費用為 30 美元，比普通版的每月 22 美元定價高出 36%，這個 36% 就是 AI 創造的額外價值。

再舉一個例子，如果你在外商公司工作，一定聽過「Teams」這個軟體，是微軟為企業內部溝通開發的通訊軟體（類似企業內部使用的 Line）。AI 賦能後，Teams 付費服務加入智慧總結及 AI 編排章節功能、提供郵件內容建議、附上業務資料輔助幫助決策，生產力比

過去更好，微軟財報顯示 2023 ～ 2024 年，Teams 的使用量屢次刷新歷史新高。

聰明的微軟，還利用 AI 拉拔自家較弱勢的事業群，例如搜尋引擎 Bing、Office 365 Copilot，讓這些過去客戶偏少、難以變現的拖油瓶，如今也能搭上 AI 浪潮一起雞犬升天。自加入 ChatGPT 賦能強化搜尋之後，Bing 整個搖身一變，不僅能提供「對話式」的搜尋服務，使用者可以輸入超白話的關鍵字來搜尋，AI 透過一問一答，也提供更好的搜尋結果，還一併附上參考資料連結。AI 化的 Bing，搜尋流量明顯成長。

Azure 是微軟的雲端服務產品，也巧妙利用 ChatGPT 賦能，推出微軟 Azure OpenAI 服務，可以將 ChatGPT 聊天機器人整合在各種服務，包括與客戶 Q&A 對答、自動化售後服務，甚至行銷廣告的發想建議。

當然，羊毛出在羊身上，這些「因 AI 而更好」的加

值服務，多數被設定為付費限定的加值服務。畢竟，AI

世界每個指令都需要運算資源，都會產生「運算成本」，

盤點微軟的「新客護」競爭力

創「新」力：強

- 微軟的創新策略，10 年一大計，前個 10 年力推 Office 從買斷式軟體到訂閱制，改革帶動營收的效果相當成功。
- 當年勇於投資 OpenAI 這樣的新創公司，也充分授權創辦人奧特曼放手創新。

「客」戶黏著度：高

- 對一般消費者有 Office 系列軟體在黏，對企業客戶也有 Azure 雲在黏，微軟在 to C、to B 兩大市場都有穩定的黏性。
- 過往較弱的事業線例如 Bing 搜尋，在 AI 賦能後流量提升，也對黏著度有所幫助。

「護」城河：深

- OpenAI 的最大金主，控制著 ChatGPT 的一舉一動及最新發展，這可是所有科技巨頭都想要的情報。
- 擁有奧特曼這種超級大將（全世界最懂 ChatGPT 的人之一），也是超稀缺資源。

所以微軟順理成章對 AI 功能進行收費，帶動營收成長。

之所以能將 AI 與現有服務整合得如此之好，背後有個關鍵人物——OpenAI 的共同創辦人奧特曼（Sam Altman）。2023 年底，奧特曼與 OpenAI 內部對立派系鬧翻出走，最終被微軟成功挖角，戲劇性加入大金主的陣營。奧特曼是世界上最熟悉 ChatGPT 的人之一，加入微軟後，想方設法如何將 AI 整合進現有軟體服務，提升微軟各事業群的變現能力，功不可沒。

★ Google 用戶黏性典範 從免費到上癮變現

認識 Google（母公司 Alphabet，美股代號 GOOG）這間公司，要從密不可分的用戶黏著度說起。前面提過，用了 Gmail 之後，很難換成另一家的電子信箱；放一堆照片及資料的 Google 雲端，也不容易說改就改；更不用說 Google Map 了，上頭眾多餐廳、商家累積許久的評

圖表4-1 Google 有極完整的應用生態圈

搜尋	地圖	Gmail	Meet
YouTube	Play	雲端硬碟	日曆

論,以及多數人將它視為地圖導航的第一選擇,都早已習慣成自然,「黏」著我們的生活不放。

雖說全球有幾億人都在使用 Google 的搜尋引擎、Google Map、Gmail 沒錯,但大家都是免費使用,到底 Google 怎麼賺錢?其實 Google 的商業模式有 3 大變現武器,包括廣告收入、針對企業端提供的雲服務、針對一般用戶的訂閱服務,都已建立頗高的進入障礙(參見圖表 4-2)。

與其他科技巨頭相比,Google 最突出的優勢就在

於，**護城河很全面**。在消費端有智慧型手機的軟硬體生態圈（安卓手機、Google Play），企業端有雲服務（GCP），也就是說，一口氣掌握「消費者應用」、「企業應用」及「邊緣運算」這 3 大 AI 面向，Google 都已插旗，且有夠深的護城河。

至於人工智慧方面的建樹，其 AI 聊天機器人 Bard，

圖表4-2 Google 3 大主要獲利來源

分類	主要獲利來源	護城河
廣告型收入	● 搜尋廣告 ● 聯播網廣告 ● Youtube廣告	Google、Meta合計已占全球廣告收入超過50%，當代網路行銷的必備工具。
To B雲服務	● 企業雲端流量費用 ● 企業軟體服務	雲端基礎建設涉及企業的IT決策，續約機率相當高。
To C訂閱型收入	● Youtube的Premium會員制 ● Google各種to C雲端服務 ● Google Play的App課金分潤	Google各項服務已高度滲透全球民眾的生活。

在 2023 年的大型 demo 場合曾出過大包，淪為笑柄。不過時至今日，能力已經大致追上了 ChatGPT-4，也有 Gemini 這樣的實力派模型。

但是足夠贏過 OpenAI 陣營的 ChatGPT 嗎？這是任何科技巨頭發展生成式 AI，專家都會質疑的一個問題。不諱言地說，以聊天機器人這個面向來看，Google 在周邊應用（外掛）的完整度、對開發者吸引力，仍明顯落後 OpenAI。

關於 AI，Google 真正的野心目標，不是想幹掉 ChatGPT 當第 1 大的聊天機器人品牌，而是想提高一個層次，立志當最強的「AI 生態圈」，希望可以複製智慧型手機那樣軟體硬體通吃的模式（多賣 1 支安卓手機等於多 I 位 Google Play 應用商店的用戶），也想延伸到企業雲端的應用，讓整個生態系的網織得越全面越好，構建一個能橫跨企業平台、消費者 App、手機的 AI 生態圈。

盤點 Google 的「新客護」競爭力

創「新」力：強

- Google 的事業起點，是 2000 年起將「雙邊市場經濟」發揚光大，建立「使用者免費」轉而跟廣告主收費的獲利模型，開創新的網路平台商業模式。如今 20 幾年過去了，Google 搜尋、Gmail、Google Map 等多數服務，依然完全免費。

  > 註：雙邊市場經濟（two-sided market）是指，某些平台的商業模式設計，刻意一邊免費、一邊收費。

「客」戶黏著度：高

- 對一般消費者，有安卓手機、Google Play 在黏，軟體硬體都黏。在手機市場的黏度雖不若蘋果，但即便是果粉，也會使用 Google 搜尋、地圖、Gmail 等功能。
- 對企業客戶，有 GCP 雲端服務在黏。

「護」城河：深

- 因各大網站版面資源有限，Google 聯播網的廣告模式（在第三方、非自營網站上安插廣告），幾乎不可能被複製。
- Google Play 商店，全球成千上萬的工程師致力於開發新程式、維護舊版程式，Google Play 商店的 App 數量已超過 300 萬個。

志向很遠大，但也因為 Google 現有的廣告、Youtube 事業群都已相當成功，如何靠 AI 再創另一個新事業體或生態圈，長期產生與廣告業務、Youtube 業務匹敵的營收水準，考驗 Google 後發先至的能力。

★ 亞馬遜 多角經營 跨界龍頭典範

如果在美國 CEO 之中，要選一位經營之神，亞馬遜（Amazon，美股代號 AMZN）創辦人貝佐斯（Jeff Bezos）是許多分析師心中的首選。普通公司能將單一業務發揚光大，就很厲害了，但亞馬遜的企業版圖不限於大家熟悉的電子商務，在雲端、廣告、串流影音等其他各種業務，也都非常出色，是當代多角化經營的企業典範。像這樣的公司，收入來源多元，也更能抵禦單一產業的景氣衝擊。

即便網路購物已經是挺成熟的產業，每季的財報時

刻，電商霸主亞馬遜還是常有些不可思議的創舉。例如，2023 年第 4 季的財報，亞馬遜在美國，把每筆訂單的貨運成本又再降低了 0.45 美元，著實不容易。

整個 2023 年度，亞馬遜總共完成了 70 億件商品在當日或隔日到貨。別忘了，美國幅員遼闊，比起台灣大多了，還有許多是跨境物流，「70 億件」這數字，足見它物流系統之強大。許多電商平台或物流業者會透過區域物流中心分層集貨，來縮短到貨時間，早在 10 幾年前，第 1 個成功這麼做的，就是亞馬遜。近年來，台灣有購物平台開始推出「訂閱會員免運」，及一些當代電商的營運手法，最早也是由亞馬遜開創的先河。

亞馬遜可不只是電商巨頭，旗下還有廣告業務、AWS 雲端業務、Amazon Prime Video 串流影音、Amazon Fresh 生鮮超市……它的多角化經營不光只是沾邊而已，而是各項業務都做到又精又深。好比亞馬

遜的廣告業務連續數年成長，在北美市場已經僅次於Google、Meta之後，排行老三。我常在講座分享這件事，收到反應常是「真的假的？亞馬遜有做廣告？」，台下直呼難以想像。

亞馬遜全方位的成功，來自於對「客戶體驗」極度關注，真正貫徹「以客戶為中心」，並且優化各個消費體驗環節的結果。美國民眾在亞馬遜的消費體驗，大多非常好，用戶黏著度很高。上網買東西這件事，消費者要求的不外乎「價格合理、快速到貨」，亞馬遜很早就明白，這兩件事要一起達成，關鍵在於物流成本，只要送貨速度有辦法更快，不只物流成本可以下降，每單利潤上升，平台的價格競爭力也更強。

在電商市場取得成功後，貝佐斯開始思考，這些為電商而打造的龐大、厚重的成本系統，像是雲端運算資源、客服平台、倉儲運輸，有沒有可能也銷售給其他第三方的

商家？好東西在那兒了，一起享用、一起分攤成本的概念。

　　亞馬遜成功點石成金，把卡車和飛機上多餘的空間，出售給第三方的商家，巧妙地賺到競爭對手的錢。漸漸地，亞馬遜將更多原本該是成本中心的累贅，巧妙變成了收入來源，讓這些重資產的基礎建設，也能為集團帶來收入，而且想不到越做越好，還帶來一些無形的利益價值，例如間接掌握到更多銷售數據、更精準掌握各類消費市場最新趨勢。

　　早已習慣多角化的亞馬遜，當然不會錯過 AI 大勢。例如 2024 年初才發表的 AI 購物助理「Rufus」，一個整合 Amazon 平台上的產品型錄、用戶評價、社群問答及網路搜尋內容的聊天機器人，能提供購物上的建議，如同 ChatGPT 一樣透過對話聊天，幫客戶更快速釐清自身需求，找到需要的商品。

　　例如同樣是購買運動鞋，穿來打籃球、短跑衝刺的、

跑馬拉松的，可能都不一樣，過往消費者在亞馬遜平台上，可能透過分類標籤切換分頁來搜尋商品，但未來可以跟 Rufus 聊天，輕鬆對話問答之後，讓這位 AI 助理幫你去運動鞋的商品資料庫搜尋，判斷哪一款鞋最適合你，更符合你的需求，協助縮短消費者的決策時間，讓「挑雙適合的運動鞋」這件事變簡單。

生成式 AI 在電商購物領域，未來能有更多應用，會不會有競爭者研發出更聰明的「AI 消費助理」？當然可能有更強的 AI 模型，但亞馬遜「北美第一電商品牌」的客戶黏著度、年年優化物流成本的經營能力，都是無法被複製的重要資產。更不用說其他業務像是廣告、雲端服務了，幾乎亞馬遜的所有業務，都有 AI 發揮的舞台。

★10檔科技股 值得列入存股清單

回歸投資美股的初衷之一，是想參與世界一流公司

盤點亞馬遜的「新客護」競爭力

創「新」力：強

- 亞馬遜有許多成功的創新，如 Kindle 電子書、Prime 尊榮會員服務（快速配送＋免運）、出售倉儲和物流產能與第三方共享等等。
- 如果創新力不夠強，不可能發展成如此一個做什麼像什麼的「大型跨界集團」。創辦人貝佐斯底下的人，早已習慣創新、勇於創新、樂於創新。

「客」戶黏著度：高

- 亞馬遜擁有「北美電商購物第一品牌」的形象，美國民眾「想買什麼，就上亞馬遜」的習慣，難以改變。
- 亞馬遜 AWS 是全球最大雲端平台，對企業用戶而言，當程式碼、API、防火牆、商業報表都在 AWS 上了，黏性必然強。

「護」城河：深

- 北美第 1 大電商，自然有第 1 大的消費數據庫，充分了解北美消費者的個人需求及偏好。
- 亞馬遜在雲端、倉儲物流上的持續投入，打造出全球第 1 大的電商「基礎建設」，其硬軟體的複雜度與經驗值，難有對手能模仿。

的價值成長，而護城河越深、競爭力越強的公司，越值得存股。

以上個案分析只是拋磚引玉，從研發技術、用戶、多角化經營等角度，說明如何活用「新客護」這樣的競爭力評估法，來挑出值得存股的好公司。

在台灣因美股資訊量不如台股多，**對美股投資者而言，獨立思考能力非常重要**。若能多練習、多思考一間公司的核心競爭力所在，看的案例越多，就越懂得如何對應不同產業及公司的現況，好好活用幫助存股決策。

本書的重點不在分享魚吃，而是希望分享一套「好釣竿」，幫助大家對於美股這樣一個高速發展、卻又相對陌生的市場，培養自主判斷公司價值的能力，乃至2、30年後，都還能幫你選好股、存好股的邏輯，才是能穿越多空、「持續吃魚一輩子」的好方法。

圖表4-3 符合「新客護」篩選法則
　　　　值得列入存股清單的世界一流公司

項目	股票名稱	股票代號	市值（億美元）	2023全年漲幅（%）
1	蘋果（Apple）	AAPL	29,943.71	48.18
2	微軟（Microsoft）	MSFT	27,948.28	56.80
3	輝達（Nvidia）	NVDA	12,231.93	238.87
4	Alphabet（Google母公司）*	GOOG	8,068.24	58.83
5	亞馬遜（Amazon）	AMZN	15,701.53	80.88
6	Meta（臉書母公司）*	META	9,096.29	194.13
7	博通（Broadcom）	AVGO	5,225.62	99.64
8	超微（AMD）	AMD	2,381.41	127.59
9	高通（Qualcomm）	QCOM	1,609.73	31.55
10	應用材料（Applied Materials）	AMAT	1,346.91	66.43

資料來源：CMoney法人投資決策系統，市值日期為2023/12/29

說明：

①Alphabet即大家熟悉的Google的母公司，美股代號GOOG、GOOGL，前者無投票權，後者有投票權，本書主要以前者為例。

②Meta即大家熟悉的臉書，原名Facebook，或簡稱FB，2021年改名為Meta。

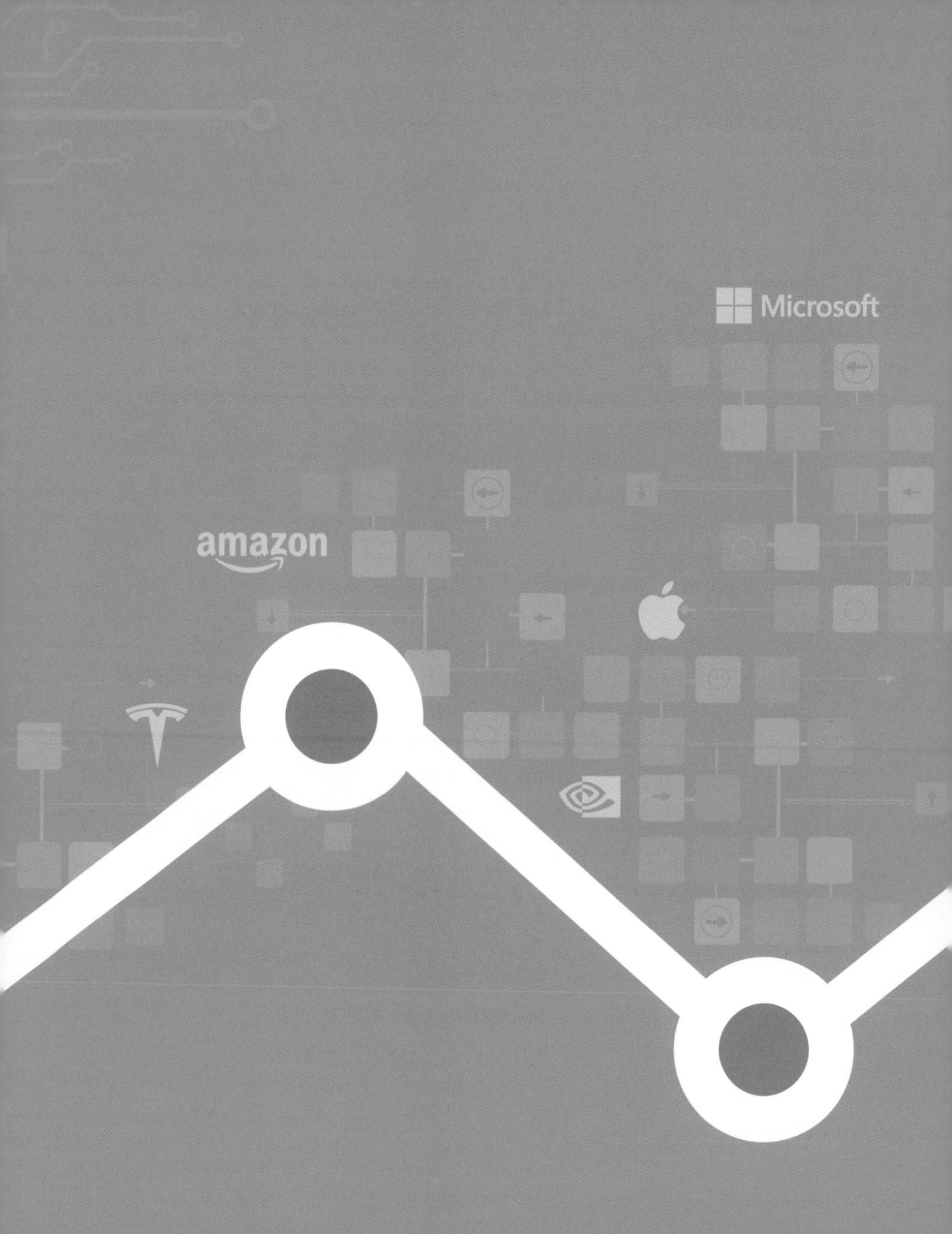

TECHNOLOGY

單元 **5**

傻瓜均分投資法
打造存股不敗組合！

★ 存股首重分散 時間、標的都該分散

★ 傻瓜均分投資法：化繁為簡 績效出乎意料

★ 冠亞軍組合法：追逐資優生不一定比較好

★ 科技股大漲大跌 靠債券可以降波動？

對於存股族來說，「存好股」重要，「好好存股」更重要。也就是說，除了挑對公司之外，**還必須有一套執行交易下單的 SOP（標準作業流程），才不會只是「憑感覺去買」這些股票**，不然當市場一有波動，很可能自亂存股的陣腳。如果心中有一套既定策略在執行時，按表操課的心態也會更踏實，不因短線的股價大漲或大跌而情緒起伏，因為你知道自己在做什麼。

★ 存股首重分散 時間、標的都該分散

存美股，是否有必要挑多家公司、分散配置呢？如果個人超愛蘋果手機、輝達顯卡或某家美國公司的產品，可不可以挑一檔順眼的專心存就好？

這是美股投資人常見的疑問。台灣人普遍對美國公司的熟悉程度不同，容易對特定公司產生好惡，一定會有熟悉的、陌生的公司之分，多多少少產生「能不能只

存1、2檔就好」的想法。畢竟比起亞馬遜（Amazon）、博通（Broadcom），這種台灣人不太熟悉的好公司，存蘋果（Apple）、特斯拉（Tesla）這種台灣人比較認識的品牌，似乎心理上更有安全感？

請先問自己，存股這件事，你打算存多久？應該不只是存3～5個月而已，而是希望能夠「長期存、一直存」，像巴菲特的雪球理論那樣，持續地、長期地靠時間複利幫你錢滾錢，把人生的財富雪球越滾越大吧？

想要存得更久、賺得更久，我很提倡「雙重分散」的存股概念。**好的存股策略，最好達到「時間」及「標的」的雙重分散，才有辦法長期持盈保泰，立於不敗之地。**

「時間」的分散較好理解，透過每月或每季，分批買入，讓持股成本可以平均分攤在各月的「平均價格」。好處是，心態較不會隨著市場上下而起伏，當市場表現好、上漲之際，賺了錢當然開心；當市場下跌時，也不

慌張，代表好股票、好公司正在打折優惠中，讓你可以用更低的成本買進，也是美事一椿。

至於「標的」上的分散，就是所謂的一籃子投資組合，不集中於 1、2 檔持股，也別只存自己最熟悉的公司，或是「最近股價比較強」的公司。

無論是台股或美股，要存股，我不建議只存 1、2 檔，畢竟把全數籌碼押注在極少數的股票，多少還是有集中度的風險。無論當下狀況再好，景氣還是會循環、起伏，

圖表5-1 存股的雙重分散

分散進場時間	分散股票標的
◎ 分批買入（逐月或季）	◎ 存一籃子組合（至少5檔）
◎ 固定時間規則後，嚴格執行	✕ 只存少數1～2檔股票
✕ 單筆All-in買入	✕ 只存自己熟悉的公司
✕ 主觀挑選股票買點	✕ 只存最近上漲的公司
✕ 主觀挑選換匯時點	

不同產品的景氣週期也不一致，例如半導體公司和軟體服務公司的景氣週期就不同。多存幾檔的好處不只分散風險，也能讓整體績效的波動度更緩和一些。

　　建構「一籃子」的存股組合很重要，若只是挑著1、2檔來存，檔數不夠多，就承擔了額外「多餘的波動」。一般會建議，**存股組合裡頭包含 5 ～ 7 檔股票為宜**，如果超過 7 檔有點太多，雖然分散更充分，但管理難度會增加。

★ 傻瓜均分投資法 化繁為簡 績效出乎意料

　　台灣人要存美股，SOP 非常重要，因為美股的資訊量相對較少，要能持之以恆，賺到時間複利的大錢，一定要有一套「可長期執行」的規則與流程，規則越簡單，牽涉越少主觀判斷，越能夠長長久久。巴菲特雪球投資理論中所謂「夠長的坡道」，就是強調長期投資、有恆持

續的重要性。

　　「傻瓜均分投資法」是最容易執行的一種存股策略，只要遵守 2 大原則：①定期每月買入、②籌碼平均分配。聽起來技術含量不高，不過長期執行下來，連傻瓜也能賺不少錢，而且是翻倍的那種！當選到像美股這種對的市場，即巴菲特所謂「夠濕的雪」，只需要平凡的方法，也能滾出不凡的績效。

　　如果我們定期存股，每月平均分配買入蘋果（Apple）、微軟（Microsoft）、Google、亞馬遜（Amazon）、Meta（臉書的母公司）這些大眾熟知的科技龍頭股，如此一個簡單到極致的「經典龍頭組合」，每年能貢獻多少報酬率呢？答案可能超乎你想像。

　　假設自 2018 年初開始，用傻瓜均分法，執行月月存 1,000 美元到這 5 大經典款的科技龍頭股，每檔均分 20% 資金，每月定期買入。6 年時間過去，這樣的「經

典龍頭組合」表現如何？

截至 2023 年 12 月底統計，這 6 年期間存入本金總計 7.2 萬美元，而這一籃子存股組合價值會成長到 13.6 萬美元！言下之意，存股 6 年，撇開本金不計，存股的獲利能累積到 6.4 萬美元之多（136,000－72,000＝64,000 美元）。

從 7.2 萬美元的本金長大到 13.6 萬美元，假設以 1

圖表5-2 5 大經典龍頭組合傻傻存 6 年

◆ 起始時間：2018年1月 ◆ 存股期間：6年 ◆ 每月存入金額：1,000美元，相當於每年存入12,000美元，6年存入本金共計72,000美元 ◆ 每檔均分20%資金	股票名稱	股票代號	比重（％）
	蘋果（Apple）	AAPL	20
	微軟（Microsoft）	MSFT	20
	Alphabet（Google母公司）	GOOG	20
	亞馬遜（Amazon）	AMZN	20
	Meta（臉書母公司）	META	20

美元兌換 30 元台幣來看，就是月存 3 萬元台幣，6 年後整個資產價值會滾到超過 400 萬元台幣的概念！短短 6 年時間，就能獲得「離翻倍不遠」的成績！而且這是最簡單、人人辦得到的傻瓜存股法，不需要殺進殺出的運氣、複雜的主觀判斷，簡簡單單、老老實實的執行就能夠享受的成果，一點也不難。

這正是美股存股的魅力所在，只要跟緊競爭力夠強的好公司，不需要花俏的技巧或頻繁的主觀操作，就能夠獲得漂亮的收益率。

自 2018 年起執行傻瓜存股法，以這樣的「經典龍頭組合」而言，每年資產滾大的速度如圖表 5-3。

看得出來，這 6 年時間並非全然的風平浪靜，也經歷過 2022 年的大升息空頭年，科技股幾乎全面重挫，在 2022 全年度，經典龍頭組合也大跌了 37.55%，不過在隔年上半年就全數收復失土了！ 2023 全年強勢反彈，傻

圖表5-3 傻瓜存股法執行6年 歷年報酬及總資產表現

年度	年報酬率（%）	資產總價值（美元）
2018	3.42	11,875
2019	49.14	31,842
2020	55.33	64,516
2021	33.96	100,346
2022	−37.55	72,534
2023	67.84	136,091

資料來源：Portfolio Visualizer（美股組合研究平台）網站

瓜組合創造出上漲 67.84% 的超強績效!

只看 2 年不太夠,為免於以偏概全,是該多看幾年,再下定論。畢竟每年劇本不同,想長期滾大雪球,我們所追求的,不是暴衝 1、2 年的短期績效,而是長期可持續的長青方法。往前回顧久一點,存股存起來的心理也更踏實點。

圖表 5-4 是自回測自 2018 年起,用同樣組合的傻瓜

存股法績效。2018 年的美股表現不算特別突出，表現平平，整年度的經典龍頭組合只上漲了 3.42%。這樣的年度報酬率看似不起眼，不過，如果對比 2018 全年的台股大盤跌幅是 7.9%，存美國科技股，不僅免於下跌還能小賺，相當不錯了。

圖表5-4 經典龍頭組合月存千元 6 年累積資產曲線

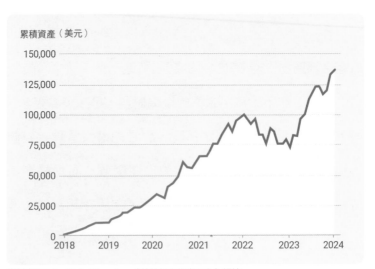

資料來源：Portfolio Visualizer（美股組合研究平台）網站

2019 ～ 2021 年，全球股市這 3 年走了個大多頭，經典龍頭組合也在 2019 年上漲 49.14%、2020 年上漲 55.33%，接連 2 年漲幅都來到 5 成左右，展現十足的爆發力，對投資獲利真的「很補」。

2022 年因為 Covid-19 疫情、通膨、升息等利空因素，導致全球股市大修正，經典龍頭組合也受了傷，當年跌幅達 37.55%，相當慘痛。不幸之中的大幸是 2021 年度漲幅有將近 34%，存了不少老本夠吃，不至於傷筋動骨。而接續的 2023 年又是個大多頭年，績效再度向上爆發，單年漲幅 67.84%，不僅把 2022 年的跌幅完全補漲回來，還加倍奉還，一舉把整體資產價值推上新高。

回顧過去數十年的美股歷史，就是這樣「跌再多，仍有機會漲回來」的韌性，每次回檔測試的過程，雪球歷經短暫的削減，但下一年的滾動又成功創造出更多的雪，依舊能越滾越大，屢試不爽，鞏固了全球投資人對

美國龍頭股的信心！所以我才不斷強調美股是長期滾大雪球、享受時間複利的最佳選擇。

上述的 5 大龍頭存股組合，包含蘋果、Google、微軟、亞馬遜、Meta 這 5 家公司，不僅是經典款的組合，也是相對客觀的組合。首先，沒有為了粉飾績效而挑選像輝達那種 AI 股（不然績效會更好）；其次，也沒刻意抓取一個特別好或特別差的時間段，公平地把 2022 年的空頭期涵蓋進來，呈現出最忠實的、歷經多空循環的數字，證明了一件事——**美股不需要太花俏的操作方式，就能滾大「長期時間複利」的雪球。**

經典龍頭組合傻瓜均分這樣的存股策略，一大優點是省去了人為的主觀判斷，免去了人性常追高殺低的缺陷，是我最推薦初踏入美股市場的新手操作方式。當然，存股只是操作美股的眾多策略之一，想從美股獲利，產業主題、ETF、資產配置……能用的方法非常多，不限於

投資
Tips

「傻瓜均分法」執行步驟SOP

Step 1 規劃每個月存股買入的日期

每個月＿＿號（請根據個人財務情形或薪資入帳時間），
稱之為「T交易日」。

Step 2 規劃每月存股的「買入總金額」

Step 3 確定每檔存股標的「平均買入金額」

例如每月打算存1,000美元，若平均分成5檔，則每檔分配
到五分之一金額，即200美元。

Step 4 檢查美元是否充足

在預定的T交易日前2日，檢查該批美元是否到位。如果尚
未到位，記得換匯。

　　註：若使用國內券商複委託，可直接以台幣扣款，省下換匯的步驟。

Step 5 在T交易日，美股開盤前（台灣時間晚上
9:30）之前下單。

價位設定可以根據前一日（T－1）的收盤價來做限價掛單
（Limit order），或是直接用市價單（Market order）執
行，確保「一定能買得到」，都是可行的。

存股。但考量到普羅大眾的接受度及執行力，存股確實是可行性最高、簡單易懂的優質策略，所以我很常在公開的場合推廣美股存股。

分享我很喜歡的一句話：「我們沒有辦法讓時間重來，但可以從今天開始。」開始存股永遠不嫌晚，差別只在於，究竟什麼時候真正付諸確實執行而已。

許多人會問，現在到底是哪一年的情境？如果是2021 年開始存美股，隔年就遇到了大空頭年，豈不很衰？萬一今年或隔年就是空頭年，豈不是現買現套？若回顧前文存股組合各年度的報酬率，會發現：**起始點其實沒那麼重要**。無論是從 2018 年、2019 年開始存，哪怕你是從 2021 年開始存美股（空頭年的前一年，運氣算相當不好），只要能「按表操課」遵守均分龍頭股的紀律，都能獲得相當不錯的報酬率。

什麼時候開始存，人生的雪球就什麼時候開始正式

滾大。巴菲特的雪球理論，強調的是什麼？夠長的坡道（長時間持續）與夠濕的雪（選對市場）。其實，股神不太強調「挑對時間」這件事，因為這並非影響績效真正的關鍵，所以不要管什麼良辰吉時了，開始存，就對了！

存美股的 3 個小提醒

小提醒 1 存股組合請至少包含 5 檔股票，常理來說，以 5 ～ 7 檔股票為宜，再多恐增加管理上的難度。

小提醒 2 開始存股前必須先開設美股交易帳戶，這時代也不是什麼難事，最簡單的方式是前往台灣任一券商簽訂複委託契約，透過國內券商下單買賣美股，直接用台幣帳戶扣款，連換匯都不需要，目前已有很多券商提供相關服務。另一種方式是直接在美股券商開立海外帳戶，兩種方法現在都很方便。

小提醒 3 既然要傻瓜存股，就別再管什麼技術線型了，越少主觀人為判斷越好，美股沒有這麼複雜，越簡單的越有用。

曾看過一些人，一拿到股價線圖，就開始各種胡思亂想，導致「高點不敢存、低點也不敢買」，淪為「紙上存股」（沒有真的進場）。這樣無論公司競爭力再好，股價表現再好，你也賺不到錢，也與你無關。

長期存美股的贏家，大多把 80% 的心力拿來挑選好公司，只有 20% 的精力去挑價位。若不幸搞反了，可就捨本逐末，不好了。

★ 冠亞軍組合法 追逐資優生不一定比較好

如果只追前一年度績效最好的資優生，對決傻瓜無腦存 5 大龍頭股，究竟誰能勝出？人性喜歡追高殺低，愛追逐當前熱門的趨勢主題，但結果不見得會比較好。

接下來實測，如果一樣自 2018 年起存股，但不想存 5 檔，改存 2 檔就好，從 5 檔長青科技龍頭股中（蘋果、微軟、Meta、亞馬遜、Google），「挑著存」前一年度

的冠軍和亞軍，只選前一年最熱門的 2 檔來存，比重各
50%，每年換股一次，究竟這樣做，能不能賺更多？

　　追逐熱門股的邏輯看似不錯，但我們想知道，這樣
的「冠亞軍組合」真能比傻瓜均分法創造更好的績效嗎？
還是可能反而弄巧成拙？！

　　如果只存 2 檔熱門冠亞軍組合（分別配置 50%），年度
表現如何？歷年會挑選到哪些股票，整理如圖表 5-5、5-6。

　　如果只存前一年表現好的冠亞軍各半組合，整體績

圖表5-5 年度冠軍當年績效 vs 隔年績效差異

年度	年度冠軍	當年績效（%）	隔年績效 （%）
2017	亞馬遜	56	28.4
2018	亞馬遜	28.4	23
2019	蘋果	89	82.3
2020	蘋果	82.3	34.7
2021	Google	65.2	−38.7
2022	蘋果	-26.4	49

效如圖表5-7。

從圖表 5-5、5-6 來看，前一年冠亞軍到了下一年的表現，絕大部分只是普普通通，不會比傻瓜均分策略更好。以 2022 年的冠亞軍蘋果、微軟為例，雖然隔年 2023 的年度漲幅也有 49%、58%，看似很不錯，但其實比不上 5 檔經典龍頭組合在同一年度的 67.8%，這樣的比較說明幾件事：

第一，不要追逐績效冠軍，因為每年科技產業的大趨勢都在輪替，今年漲最多的，隔年表現不一定最好。不然你只是一直在追高，沒把握到利空進場的機會。

第二，直覺上一般人常有「籌碼越集中，績效爆發力越好」的迷思，但實證顯示，存 2 檔的績效沒有比較好，風險還更集中，不划算。

第三，每年換股的 CP 值並不高。若想每年換股，執行面有更多績效要計算，追高的結果，下一年抱起來

圖表5-6 年度亞軍當年績效 vs 隔年績效差異

年度	年度亞軍	當年績效（％）	隔年績效（％）
2017	Meta	53.4	−25.7
2018	微軟	20.8	57
2019	微軟	57	42.5
2020	亞馬遜	76.3	2.4
2021	微軟	52.5	−28
2022	微軟	−28	58.2

圖表5-7 冠亞軍各半組合的年度績效

年度	年度冠軍	隔年績效（％）	年度亞軍	隔年績效（％）	年度組合績效（％）
2017	亞馬遜	28.4	Meta	−25.7	1.4
2018	亞馬遜	23	微軟	57	40
2019	蘋果	82.3	微軟	42.5	62.4
2020	蘋果	34.7	亞馬遜	2.4	18.5
2021	Google	−38.7	微軟	−28	−33.4
2022	蘋果	49	微軟	58.2	53.6

說明：各年度冠亞軍股票比重配置各半

的心理負擔也更大！

　　所以真的不用把美股存股想得太複雜，不須要追逐熱門題材，也不用觀察當下的績效前段班是誰，最簡單的傻瓜均分組合，在公司競爭力沒變的前提下，年年存同樣的股票，平凡的方法就能有不凡的績效。

★科技股大漲大跌 靠債券可以降波動？

　　投資科技股有個天然缺陷，就是波動度較高，畢竟科技發展日新月異，產業趨勢、技術、消費者口味、庫存變化都相當迅速，雖然長期而言，股價向上趨勢明顯，但中短期潛在的波動其實挺大的。在長期投資的過程中，**很多定力不夠的投資人，有可能就被某些時期雲霄飛車般的劇烈波動嚇壞，不小心被洗出場**，而錯失了後面一大段的時間複利，相當可惜！

　　那麼，如果想降低波動度，投資人有什麼選擇呢？

可能的做法之一，是利用一個「有股有債」的平衡型組合，來降低整體一籃子投資的波動度，因為在某些股市大跌的情境，債券有機會發揮避險的功效（並非百分之百可以）。白話來說，若投資組合能搭配一點債券的配置，當經濟循環走下坡時，或股市大跌的空頭期，債券的上漲能補回部分的損失，讓整體資產少跌一點，藉此達到相對穩健的績效。

這樣想理論上沒錯，但實際操作上，股票與債券的比重該如何配置，才能真正達到「降波動」的功效？如我一貫主張的，別只憑感覺去決定股債相對比例，應該透過實證數據來獲得答案。

下面利用Portfolio Visualizer（美股組合研究平台）網站功能，設定不同的股債比重，回測不同股債組合的數據，看看怎樣搭配科技龍頭股與債券、股債比例怎麼抓，能更好地平衡風險與報酬。

我們選擇代表性的綜合型債券 ETF——Vanguard 總體債券市場 ETF（美股代號 BND）為例，來與科技存股組合（即前述的蘋果、Google、微軟、亞馬遜、Meta 等 5 檔組合，作為接下來比較的基準組合）搭配，實測 3 種股債組合的結果如下：

組合 A》完全股票

存 5 大科技股，100% 全股票，月月存 1,000 美元，如前文圖表 5-2 所示。

回測歷年報酬率：結果如圖表 5-3
最佳年度：2023，報酬率 67.84%
最差年度：2022，報酬率 –37.55%

組合 B》股 8 債 2

存 5 大科技股，股票占比 80%，搭配 20% 的債券（BND），月月存 1,000 美元。

圖表5-8 股8債2的投資組合

	股票名稱	股票代號	比重（％）	金額（美元）
◆ 起始時間：2018年1月 ◆ 存股期間：6年 ◆ 每月存入金額：1,000美元 ◆ 5檔股票均分80%資金，即每檔160美元，債券放20%資金，即200美元	蘋果（Apple）	AAPL	16	160
	微軟（Microsoft）	MSFT	16	160
	Alphabet（Google母公司）	GOOG	16	160
	亞馬遜（Amazon）	AMZN	16	160
	Meta（臉書母公司）	META	16	160
	Vanguard總體債券市場ETF	BND	20	200

 BND

BND 是知名 ETF 公司 Vanguard 發行的美國綜合型債券 ETF，全名為「Vanguard Total Bond Market ETF」，配置多元，幾乎各類美國的主流債券都有，當中又以美國公債為大宗。

回測歷年報酬率：結果如圖表 5-9：

最佳年度：2023，報酬率 60.94%

最差年度：2022，報酬率 −35.54%

圖表5-9 組合 B：股 8 債 2 歷年報酬及總資產表現

年度	年報酬率（%）	資產總價值（美元）
2018	2.76	12,101
2019	41.29	30,921
2020	48.19	60,465
2021	30.05	92,364
2022	−35.54	69,562
2023	60.94	126,123

資料來源：Portfolio Visualizer（美股組合研究平台）網站

組合 C 》股債各半組合

存 5 大科技股，股票占比 50%，搭配 50% 的債券（BND），月月存 1,000 美元。

圖表5-10 股債各半投資組合

	股票名稱	股票代號	比重（％）	金額（美元）
	蘋果（Apple）	AAPL	10	100
	微軟（Microsoft）	MSFT	10	100
	Alphabet（Google母公司）	GOOG	10	100
	亞馬遜（Amazon）	AMZN	10	100
	Meta（臉書母公司）	META	10	100
	Vanguard總體債券市場ETF	BND	50	500

◆ 起始時間：2018年1月
◆ 存股期間：6年
◆ 每月存入金額：1,000美元
◆ 5檔股票均分50%資金，即每檔100美元；債券放50%資金，即500美元

回測歷年報酬率：結果如圖表 5-11
最佳年度：2023，報酬率 47.13%
最差年度：2022，報酬率 −31.1%

　　以上的回測實驗，債券部分採用的是綜合型債券
ETF——BND，主要為反映整體債券市場走勢。債券的替

圖表5-11 組合C：股債各半歷年報酬及總資產表

年度	年報酬率（%）	資產總價值（美元）
2018	1.77	12,474
2019	29.32	29,453
2020	35.62	53,857
2021	22.18	79,132
2022	−31.10	64,878
2023	47.13	109,245

資料來源：Portfolio Visualizer（美股組合研究平台）網站

代方案不少，除了 BND 之外，也可以搭配其他主流的綜合型債券 ETF，像是 iShares 美國核心綜合債券 ETF（美股代號 AGG）、iShares iBoxx 投資等級公司債券 ETF（美股代號 LQD），或是債券型的共同基金，都是可以考慮的債券配置工具。

這 3 種組合，在股票上的選股都一樣，差別只在股債比例不同，若一樣從 2018 年初開始的話，月月存到

圖表5-12 **3種投資組合總資產及報酬率比一比**

組合	組合內容	股債比例	存6年本金合計（美元）	存6年後資產總值（美元）	最佳年度報酬率（%）	最差年度報酬率（%）
A	全股票月月存1,000美元	100%股	7.2萬	13.6萬	67.84	−37.55
B	股8債2月月存1,000美元	80%股20%債	7.2萬	12.6萬	60.94	−35.54
C	股債各半月月存1,000美元	50%股50%債	7.2萬	10.9萬	47.13	−31.1

2023年底，滾雪球的效果也不同，結果整理如圖表5-12。

如傳統金融理論告訴我們，債券與股票兩者的價格理應呈現負相關，常有互補性，所以一個有股有債的組合，績效應該會比百分百股票的組合更穩定。不過，凡事總有一體兩面，**當債券比重越高，股票比例越少，風險下降是沒錯，但獲利的爆發力也會相對較弱。**

聽起來有得有失，那麼，究竟多少的債券部位合理？

以我當年在財金系所學，評估一個投資組合波動度的數據，學理上可能會看標準差或變異數等指標。但就我在私人銀行面對客戶的經驗，這些指標的數學概念對一般人太難以理解或想像，所以這裡我採用「最佳年度報酬率」、「最差年度報酬率」這兩種數據來說明，希望能更白話、直觀地讓大家了解各種組合的波動度情況。

組合 A 因為是百分百股票配置，沒有任何的債券，所以好壞年之間的差距理應最大，因為承擔的風險最多。像是最佳年度 2023 年，僅僅一年報酬率就高達67.84%，看似非常誘人，但別忘了風險和報酬永遠是一體的兩面，2023 年之所以能這麼好，也是因為 2022 那一年空頭年一跌跌去 37.55%，跌得比別人更重，所以在2023 年初的起點，也比別人低。

單年大跌 37% 這數字，或許不是所有人都能夠承受的，如果添加一些債券組成股債兼具的一籃子，是否會

比較穩一點呢？從組合 B（股 8 債 2）、組合 C（股債各半）跑出來的數據，觀察到幾個有趣的現象。

第一，如果像組合 B 那樣，**只配置了 20% 的債券，明顯隔靴搔癢，沒啥效果**。在空頭年的跌幅，從 37.55% 微微降到 35.54% 而已，降波動的效果微小到可忽略。只買 2 成債券的「緩衝感」並不夠。

第二，如果像組合 C 那樣，把債券比例提高到 50%，股債各半的結果，空頭年的跌幅可以壓到「只跌」31%，也就是說，最差年度的 2022 年，比起組合 A 可以少跌 6%，**對於許多人來說，「最多跌 3 成」這種修正程度或許更能被接受**。不過，求穩的代價則是，組合 C 在 2023 多頭年的漲幅，也會下降到只剩 47.13%，比起組合 A 可是整整少賺了 20%！

總的來說，到底該不該加入債券，這件事還要回歸個人的風險意識、波動承受能力。如果鐵了心想把雪球

滾到最大,也不在乎過程的劇烈波動,像組合 A 那樣全股組合的獲利爆發力最強,心臟夠大的就選它。但請記得,**面對空頭年的大跌,可別被洗出場或停止存股,不然會錯失掉後面那一大段的漲幅!**

2022 ～ 2023 年,一下一上的劇烈波動就是最經典的例子,如果因為 2022 年大回檔而放棄存股或甚至砍在低點,就無法享受 2023 超級好年的漲幅,相當可惜。

畢竟,不是所有人都喜歡雲霄飛車的刺激感,對於心臟小顆的人而言,投資過程不宜太過劇烈。如果一年跌 37% 讓你心理壓力過大,甚至停止存股計畫、被洗出場,組合 C 那樣股債各半的配置會更適合你。雖然多頭年可能少賺不少,但存股過程的心理壓力相對輕鬆,更能平常心看待那些必經之路上的荊棘與泥沼。

巴菲特說,「滾雪球要找到夠長的坡道」,所謂「夠長的坡道」指的是夠長的存股時間,需要持之以恆才能

享受雪球滾大的成果，半途而廢是絕對的大忌。如果 1
年跌 4 成，這樣的跌幅會嚴重到令你放棄存股的話，麻
煩請酌量增加債券部位。

　　若你和我一樣，想把雪球滾個 5、60 年，當中不免
會遇到幾波景氣衰退、幾個空頭年，這些路上的阻礙是
再正常不過的事，選擇股債比例就是選擇適合自己的波
動度，必須是一個你能安心、舒服的組合，長期而言，
才能從一而終，持續執行。2022 年是標準的空頭年，當
時跌幅之快之深，是近 10 年罕見的波動，該年的數據相
當具參考價值，也提供有意義的風險意識判斷基準。

　　結論就是，**如果能接受近 4 成的回檔深度（組合 A
在 2022 年的跌幅），就沒有搭配債券的必要性**。反之，
如果超過 3 成的跌幅會令你寢食難安，組合 C 的股債各
半可能更適合你。沒有絕對的最佳組合，只有適不適合，
請摸摸自己的心臟測大小，感受最合適自己的答案。

TECHNOLOGY

∞ Meta

單元 **6**

3大警訊把關
好公司變壞趕快跑！

★ 時空背景不同 科技龍頭泡沫疑慮小

★ 彈性應變能力極強 霸主地位不易動搖

★ 擔心科技產品過氣？ 3 大警訊提前示警

★ 警訊 1：營收年成長率 連 3 季向下

★ 警訊 2：毛利年成長率 連 3 季向下

★ 警訊 3：市值萎縮 跌出那斯達克前 10 大

每講到大型科技股，N 年前網路泡沫年代的往事就可能被重提。

回顧當年網路泡沫的歷史，始於 1995 年 8 月，瀏覽器公司網景（Netscape）在那斯達克（Nasdaq）上市，才僅僅 1 天，股價便暴漲 160% 之多，引爆資本市場對網路科技公司的非理性狂熱。許多企業乘著此瘋狂的資金浪潮而起，甚至連傳統企業，只要申請網域（.com）架個網站，便能躋身網路概念族群的炒作行列。

當年美國科技股，無論市值大小，自 2000 年 3 月來到史無前例的高檔之後，開始一段「跌跌不休」的黑暗時刻。時隔四分之一個世紀，美國科技龍頭股是否有可能重演 2000 年的網路泡沫危機？

★ 時空背景不同 科技龍頭泡沫疑慮小

資本市場永遠不缺當年的鬼故事，然而，數十年過

去了，此一時非彼一時，現今的美國科技龍頭與當年的時空背景大不相同。

回顧 2000 年網路泡沫，關鍵問題在於：**當時許多科技公司欠缺變現能力**，空有網路科技發展的趨勢遠景與「流量產品」，卻沒有能賺進實質獲利的「利潤產品」。也就是說，網路用戶增長的速度非常快，但多數人都是免費使用，沒有真的幫助科技公司貢獻營收，市場上能靠網路變現的商業模式（business model）也不成熟。

當年的 Google，還只是個 1 歲多的小朋友（Google 在 1998 年 9 月創立，2015 年組織重整另外成立母公司 Alphabet），市場上也沒有像臉書這樣利用廣告變現的社交平台（臉書全名為 Facebook，2004 年才創立，2021 年公司更名為 Meta），許多現代科技龍頭變現的手法及商業模式，當年都尚未誕生，缺乏實質獲利支撐的股價，當然難以走得長遠。

沒有賺進真金白銀的公司，就是泡沫，這是當年網路泡沫給華爾街、全球散戶上的重要一課。

現在的情況當然很不一樣，檯面上的科技龍頭們，像是蘋果、微軟、Google、輝達、Meta、亞馬遜……美國科技龍頭們的變現能力都非常強，各擁金雞母來支撐獲利及股價，眾多龍頭熱衷多角化經營，旗下金雞母甚至有數隻之多。

例如蘋果，不只賣手機、電腦，周邊的消費性產品從 AirPods 到 Apple Watch 可多著了。亞馬遜更是超級多才多藝的巨型企業，從電商、雲端服務、廣告、電子書再到串流影音，做什麼像什麼，不同領域都有帶財的變現能力，股價自然水漲船高。

但是，龍頭企業的地位能夠持續多久？聊這個問題之前，其實可以先自我評估，有沒有辦法想像蘋果手機或臉書消失的日子，或是不用 Gmail、不看 Youtube（隸

屬 Google 旗下）的可能性？如果覺得這些情境太難想像，這問題可能真有點多慮了。

前面提過，「新客護」是美國龍頭公司的特徵，除了創新力強、客戶黏性高、護城河超深這幾大優勢之外，科技龍頭另外兩大常見特色：**手握鉅額現金、業務多元化，這些都是幫助它們鞏固長期龍頭地位的關鍵。**

矽谷是創業天堂，市場會不會產生新的競爭者，來挑戰亞馬遜的電商地位、Meta 的社交霸主地位？以美國各界對新創企業的鼓勵與支持，當然有這個可能性，無論是現在或未來，勢必有源源不絕的後起之秀發出挑戰帖。

問題是，想打倒某個領域的龍頭，搶下它盤據已久的市占率，這可不是件容易的事。對後起之秀而言，最大的挑戰有2個：第一，難以徹底改變消費者習慣；其次，手上資金沒有龍頭公司這麼多。

★ 彈性應變能力極強 霸主地位不易動搖

Meta 就是很好的例子，這幾年全球眾多新興社群平台興起，都曾經短暫地威脅到 Meta 社交霸主地位，像是 Instagram（簡稱 IG）、WhatsApp、推特（現在叫 X）、Line、Tiktok、微博等等。

或許 Meta 旗下的臉書在年輕人間已經沒那麼受歡迎，年輕人更愛到新平台嘗鮮，但真正完全棄用臉書的人實際上並不多。尤其在台灣，即便臉書上的詐騙廣告、客服效率、自然觸及率低等問題層出不窮，但講到企業網路行銷、在網路投放廣告，絕大多數企業主還是會選擇以臉書作為主力宣傳平台。

商業競爭是場動態的賽局，用戶口味在變，Meta 當然也會根據最新趨勢來優化自身，有必要的話也添加新功能在自家平台上，甚至直接砸錢收購競爭者，都是提升競爭力的因應之道。例如 IG 的質感濾鏡、美照文化深

受年輕族群歡迎，沒關係，「打不過就買下來」。

　　IG 在 2012 年被 Meta 以 10 億美元收購，後續幾年期間，用戶數量從 3 千萬迅速提升到 10 億，成為 Meta 廣告業務的重要一環，也鞏固了 Meta 在年輕族群的市占率，被譽為網路社群史上最成功的收購案。

　　競爭者如 Tiktok 以短影音霸主之姿崛起，讓許多主流社群平台感悟到自身短影音的不足，所以近年 Meta 也大力推廣短影音這領域的功能與內容。2022 年受 Covid-19 疫情蔓延、競爭加劇的打擊，Meta 的股價、營收一度緊張告急，還好後來旗下的雙平台 FB、IG 大推 Reels 短影音，策略成功奏效，在 2023 年 Meta 迎來疫情之後的起死回生，股價年度漲幅高達 194%，是當年表現最好的大型科技股之一，靠的就是短影音這個新武器。

　　Meta 並非濾鏡美學、短影音的發明者或先行者，**但當新趨勢出現，只要科技巨頭能善用併購、策略調整、**

功能優化等手段來讓自己進步，還是很有機會重拾成長動能。像這樣的韌性、彈性與商業嗅覺，不只是 Meta 有，許多科技龍頭能走到今天的霸主地位，都具備這樣的應變能力。

搞收購、搞策略轉型，都需要大筆資金投入，此時手上現金水位就很重要。截至 2023 年底，微軟、蘋果、Google、亞馬遜和 Meta 這 5 大科技巨頭，手頭現金個個都超過 500 億美元，資金比許多美國中型銀行的存款體量還大。

回到 2012 年的 IG 併購案，當年能出得起 10 億美元的公司，或許也有意談併購。10 億美元 Meta 有，其他的科技龍頭也有，但不夠大的公司不會有。鉅額資本遊戲玩到最後，錢多才好辦事，若當年得標者不是 Meta，而是另一家龍頭公司，當代社群版圖當然會不一樣，但無論如何，就是這群「出得起」的龍頭公司之間

彼此競爭而已。

頂級龍頭手握鉅額現金的財力，使得真正的肥水很難落到其他二線公司的「外人田」。這就是為何我相當推崇一籃子龍頭存股組合，要存股請各大龍頭一起存，因為能徹底打倒某龍頭的，可能也只有另外一個龍頭辦得到，利用一籃子龍頭組合來分散風險的「CP 值」很高。

尤其在生成式 AI 時代，任何企業想投入 AI，先大舉「投資」運算能力及雲端流量，幾乎是必備的條件。因此，發展 AI 對企業口袋深度的要求，是非常龐大的，若沒足夠資金投資，AI 模型根本跑不動、跑不快，不會有像樣的競爭力。

AI 投資宛如一場「燒錢極快」的鉅額賭注，非一方現金巨擘不易成就，這也讓手握鉅額現金的科技龍頭們，現金護城河的優勢，更加被突顯出來。面對未來的商業競爭變局，AI 時代各種新技術、新產品、新應用的更迭

都可能加速，但只要有在龍頭公司之間做分散配置，無須過度擔心。

★ 擔心科技產品過氣？３大警訊提前示警

科技龍頭公司們在前一波科技時代，都已經將「新客護」的硬實力紮穩紮深了，**不怕輸給別人，但就怕「輸給自己」**，意思就是，萬一所屬產業整個被消滅，你是產業的老大還是老二，也無關緊要了。

相機底片、傳統手機，現在已離我們的日常生活很遠，成了「時代的眼淚」。當年的一方之霸如柯達、Nokia，核心產業整個消失了，股價自然大衰退，難以回到當初的高點，這才是我認為長期操作龍頭股真正該關注的關鍵風險。

若拿 2000 年及 2024 年 2 個時期的科技龍頭相互比較，20 多年光陰過去，2000 年當時的科技巨頭如資安

大廠思科（Cisco，美股代號 CSCO）和英特爾（Intel，美股代號 INTC）早已跌出那斯達克市值前 10 大，證明長期下來，趨勢還是有轉變的可能，在投資過程中該如何應對？萬一龍頭股不幸從老大變老二，或是某產品大退流行時，該如何及時應變？

不妨換個角度看待「科技產品過氣」這問題，單就特定產品的發展，確實是一大風險，但對於「龍頭股投資」而言，其實嚴重程度沒有你想像中的大，舉個簡單的例子你就懂。

回顧蘋果公司的歷史，不乏許多當年的熱銷產品已經走入歷史。2001 年底推出的 iPod，是蘋果創辦人賈伯斯當年的得意之作，也曾為蘋果帶來大筆營收，但時過境遷，現在幾乎沒人用 iPod 聽音樂了。2022 年蘋果正式宣布第 7 代 iPod Touch 停產，但 iPod 的走入歷史，無損蘋果股價的長期發展。2022 年當時蘋果股價的下

跌，是升息所致，與「iPod 停產」這件事毫不相干。

科技產品的更迭、改朝換代好比自然界的正常循環，科技龍頭公司們早就習以為常，也不時在超前部署分散風險。

第一，現今的科技龍頭公司，手握多個產品線，以蘋果為例，從 iPhone、MacBook、iPad 到 Apple Watch、Vision Pro 頭盔⋯⋯光是蘋果出品的「硬體」產品線就有近 10 條之多，更別說「軟體服務」的產品線從 App Store、iCloud 到 Apple TV，更是不勝枚舉，不太有「集中單一產品線」的風險。

第二，當某個產品週期走到巔峰之後的下坡期，股市往往就已經開始修正對該產品的成長預期，也會逐步反映在股價上。對龍頭公司而言，當務之急是去尋找另一個「新產品」來創造新的營收成長動能，若能補上過氣產品的營收空缺，股價就能維持住。若新科技產品大

賣，甚至能帶動股價再創新高，開啟另一個大時代。

因此，真正須要擔心的不是「某項產品過氣」，而是公司能不能盡快尋找到下一個殺手級產品或服務。然而，評估新舊科技的更迭和發展潛力，所需的產業知識相當複雜，對存股族來說，最平易近人的方式，是定期檢視底下這 3 種警訊指標，就能判斷龍頭公司整體的健康度與成長動能，是否無虞，或者有必要調整長期存股計畫。

複雜的事簡單做，等季度財報出爐，一季檢查一次就好，簡簡單單，就能在產業或公司有重大狀況時，做出正確的判斷。畢竟，這本書想傳達的，是一套能夠穿越多空循環的長期存股策略，**有一套警訊指標輔助評估「該不該繼續存股」，才是存股能立於不敗之地的關鍵。**

★ 警訊 1 **營收年成長率 連 3 季向下**

營收年成長率連 3 季向下，代表公司成長動能可能

趨緩。科技龍頭股都是典型的成長型股票，成長股的股價要漲，營收必須持續達到高標，因此，若營收的年成長率（YoY，Year on Year）接連好幾季下降，是一種成長動能趨緩的警訊。

營收代表企業銷貨的總體收入，尚未減去任何成本的數字。營收的「年成長率下滑」，白話來說代表「跟去年相比，今年的貨比較不好銷」。當營收成長動能連3季走弱，年成長率1季不如1季時，通常代表某個核心產品線的需求端出了問題，客戶消費意願降低，或是全球景氣不佳，導致企業的貨1季比1季難銷。

「營收年成長率」代表的深層意義，是公司所屬產業的現況與發展階段。當一個產業由盛轉衰，步入老年黃昏期，消費者需求大幅下降，營收勢必狂走下坡。打個比方，現在想賣出一台傻瓜相機或一捲底片，容易嗎？可能非常難。現在要銷售家庭印表機，也不可能用當年

全盛時期的高價在賣，是吧？

因為科技產品週期相對於傳統產業較短，再好的公司，營收成長率也不可能永遠維持高檔，有高有低起伏上下，也不是太罕見的事。當營收成長率出現「連續下滑」的情形，通常股價也會跟著修正，低檔區的股價，到底是撿便宜的良機，還是該避開的陷阱？光看營收還無法斷言，所以須搭配「毛利成長動能」，也就是第 2 個警訊指標來確認。

值得一提的是，**華爾街慣用的財報分析方法，都是以「年成長率」為主**，也就是與 1 年之前的同季度相比。年成長率的重要性大過於季成長率（比較少跟前 1 季的數字相比），年對年的同期比較，相對客觀，可以免除季節性因素的干擾，例如第 4 季有聖誕節，一般是消費旺季，如果拿第 1 季的數字跟第 4 季（前 1 季）相比，勢必會有所落差，很不公平。因此，敬請把握同期比較的

原則，主要關注「年成長率」，而非季成長率。

在介紹下一個警訊指標前，先思考「營收穩定度」與篩選存股標的之間的關係。假設你也認同逢營收下滑，最好停看聽控管風險，如果某個龍頭股每季度的營收波動總是很大，可能常陷入停看聽觀察期的窘境，導致存股計畫走走停停，相對來說沒那麼適合存股。

因此，在篩選存股標的時，除了要挑選市值夠大的龍頭股，**進場之前，不妨先查詢該公司過去營收成長率的變化，是否經常大起大落**？如果是，那這樣的股票，可能更適合中短期波段操作，而非長期存股。

我自己常使用 Macrotrends 這個美股資訊網站免費查詢公司過去的營收成長率狀況，網站上有繪製逐季的營收年成長率（YoY）直方圖，一目瞭然相當方便做查詢。

營收成長率較穩定、波動較小的公司，越適合存股。
圖表 6-1、圖表 6-2 比較「微軟 vs 特斯拉」這 2 檔大型

科技股，過去5年逐季營收的年成長率，會發現特斯拉
的營收波動度，明顯要比微軟大很多，幾乎每隔2～3
年就會出現一次營收成長下坡期，連續幾季向下的那種。
代表特斯拉這樣的公司，經常陷入營收衰退的麻煩，大
起大落的表現可能就不太適合長期存股，比較適合來做
波段操作。

圖表6-1 微軟近5年營收年成長率相對穩定

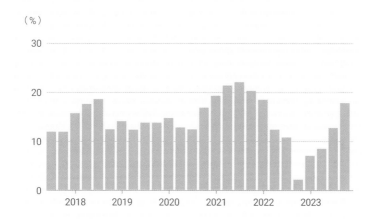

資料來源：macrotrends.net

圖表6-2 特斯拉近5年營收年成長率起伏較大

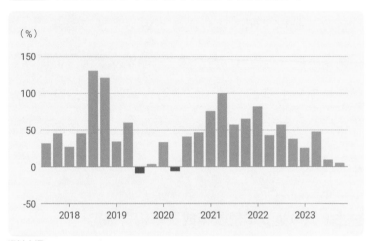

資料來源：macrotrends.net

投資
Tips

美股營收成長率怎麼查？

Macrotrends 網站（www.macrotrends.net）可查詢美國公司的歷史營收（Revenue）成長率及歷史毛利（Gross Margin）成長率，每季查詢一次即可，因美國公司不會逐月公布營收（與台股不同），因此參考季報公布的數據就夠了。 ▶▶

以蘋果為例，進入 Macrotrends 網站，輸入蘋果的代號 AAPL，然後點選「Revenue & Profit」分頁，查詢歷史營收、毛利：

Apple Revenue 2010-2024 | AAPL

| Prices | Financials | Revenue & Profit | Assets & Liabilities | Margins | Price Ratios | Other Ratios | Other Metrics |

Revenue   Gross Pr〔點此分頁查詢歷史營收、毛利〕tstanding

在 Macrotrends，逐季的營收年成長率，圖表化呈現一目瞭然。

From: 12/31/2009   To: 04/01/2024   Zoom: 1Y 2Y 3Y 5Y All

營收年成長率

為了避免經常性觸發「營收成長率下滑」的警訊，最好一開始就把關好，專挑營收穩定度較高的龍頭公司，能降低營收不如預期的頻率，盡量消除存股計畫的干擾因子。

★ 警訊 2 毛利年成長率 連 3 季向下

當營收成長率連續下滑，請好好檢視「毛利的年成長率」，是否跟著一起走下坡？

如果兩者同步走低，比較值得擔心，代表公司競爭力可能出狀況，應該暫停存股。只有營收連續下降，但毛利成長的動能有維持住（未出現連續 3 季下降的狀況），就還能接受。有種可能性是，公司正調整產品組合控制毛利率，策略性降低低毛利產品的比重，加大對高毛利產品線的投入，也不見得是壞事。

舉個貼近台股的例子，當 2023 年 AI 伺服器需求崛

起之際，台灣電子五哥的財報常見到這樣的情況：明明 AI 需求強勁，營收卻不增反減，而毛利、毛利率都逆勢成長的怪現象，反映的就是產品策略的調整，投入更多資源在 AI 新事業，爭取更高的毛利率，另一方面，刻意少接傳統伺服器（低毛利）的訂單。

「毛利年成長率」象徵公司的議價能力，當產業欣欣向榮，是「賣方市場」的狀態，公司的競爭力越強，平均產品售價（ASP，Average Selling Price）能拉得更高。反之，若為需求不振的「買方市場」，或公司的競爭力退步了，那麼公司的定價能力會受到挑戰，得減價促銷求售，毛利壓力變大，後續若產生庫存過剩問題，通常需要好一陣子才能徹底把庫存打乾淨。

毛利衰退與營收衰退的意義有所不同，前者嚴重多了。營收衰退可能是正常的景氣循環所致，隨著景氣未來回溫，營收有機會重新振作起來，**但毛利一旦陷入衰**

為什麼不看淨利潤而看毛利呢？

「淨利潤」是將營收減去產品成本、人事成本、各種
營業成本、一次性成本等等的結果，包含的大小因素
相對複雜，而且可能因為一次性的費用或收益認列而
失真，年成長率大起大落的可能性相對較高，反觀毛
利率是較為單純的指標，更能直接反映市場需求強度
與公司競爭力。

退，通常是公司面臨產業結構或自身競爭力出現變化，
往往是短時間難以解決的問題。

因此，一旦發生營收、毛利都變差，年成長率雙雙
衰退的話，可能有必要停看聽，給予公司 1 年的觀察期。
針對這樣的公司，先暫停存股 1 年，等 4 個季度後再來
檢視公司的毛利成長動能是否恢復，如果毛利明顯回升，
代表公司已經將問題解決，再繼續存股也不遲。

反之，倘若 1 年觀察期過後，毛利年成長率沒觸底

反彈的跡象，動能依舊疲軟，就不該恢復存股。這種股票應該「留校查看」，逐季持續關注毛利年成長率的變化，等到成長率開始反彈後，才是繼續存股的良機。

畢竟 1 年有 4 季，任何產業都有其週期，有旺季也有淡季，再好的公司都不可能一帆風順，出了狀況沒關係，若能在 1 年內把問題解決，都算非常強的執行力，也是對龍頭公司的良性考驗，越戰會越勇。比較令人擔憂的情境是，問題拖了好幾年也解決不了，產業的結構性問題連龍頭都束手無策，要是企業的獲利能力遲遲無法恢復元氣，越晚解決問題，會套住存股族越多子彈，這肯定是不樂見的。

1 年觀察期的設計，可避免存股族投入過多籌碼在有問題的公司，是存股風險控管的一環。

當然啦，產業分析的高手可能反向思考：在毛利出問題的期間，股價通常也跟著往下走，不也可能是個撿

便宜的機會嗎？抄底是否正確，這有賴進一步的產業評估與主觀判斷，可能對，當然也可能錯。但對於一般存股族而言，多數沒有深厚的分析功底，還是應先求穩，「停止投入更多資金」是保護自己的最好作法之一。

這也是華爾街分析師常見的邏輯，**當公司、產業出現利空問題，先停看聽，等毛利動能回升了，確認問題解決了，再重新加碼這檔股票也不遲。**

下面有 2 個毛利衰退的具體案例，一好一壞，值得細品。

正面案例 》Meta 度過疫情逆風 毛利率止跌回升

當年 Covid-19 疫情導致全球不景氣，企業大砍廣告預算，以廣告為主要獲利模式的科技巨頭，如 Meta、Google 都成了疫情期間最大受害者之一。

如圖表 6-3，Meta 自 2021 年第 3 季起，毛利增長面臨較大壓力，狀況明顯走下坡。到了 2022 年第 1 季之

後，更是呈現連續 3 季的年成長率衰退，明顯 1 季不如
1 季，社群龍頭的廣告本業出現危機感。

　　當時尚不確定 Meta 是否能度過難關，如果你對廣告
產業不熟悉，謹慎起見的話，應暫停存入Meta 這檔股票。
暫時不投入更多資金，停看聽為期 1 年，觀察毛利成長
率的變化，再做打算。

圖表6-3 Meta 近 5 年毛利年成長率表現

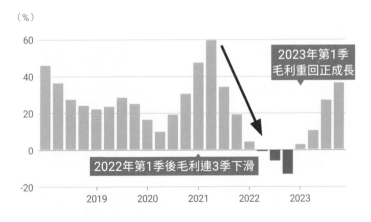

資料來源：macrotrends.net

之後，1 年過去了，當 2023 年的第 1 季財報出爐之際，再次檢驗 Meta，發現它的毛利有所反彈重回成長軌道，確認 Meta 已經解決 1 年前的產業問題（疫情期間企業大減廣告預算），這樣的股票通常被視為「轉機股」，往往後面股價還有一大波，繼續存股 OK 無誤。

Meta 的毛利成長動能，過了 1 年有所恢復，所以值得續存，是正面的例子。但不是所有公司的毛利都能這麼快就重回成長軌道，以下分享另一個反面的例子——特斯拉。

反面案例 》特斯拉受降價策略拖累 毛利不見起色

特斯拉自 2022 年祭出「降車價搶市占」策略，明顯壓縮毛利空間，成長率 1 季不如 1 季。假如選擇特斯拉存股的人，在還不確定特斯拉能否度過難關的時候，小心為上，應先暫停買入特斯拉，觀察毛利成長率的變化，1 年後再做打算。

　　1 年後，2023 年第 4 季財報出爐之際，再次檢驗特斯拉，發現它的毛利仍然不見起色，呈現負成長。這 1 年來，特斯拉持續面臨歐美市場電動車需求降溫、中國市場競爭加劇、電動皮卡量產進度落後等利空干擾，毛利成長率回不去，代表特斯拉尚未解決該解決的問題，可能連創辦人馬斯克本人都無法肯定何時能解決，像這

圖表6-4 特斯拉近5年毛利年成長率表現

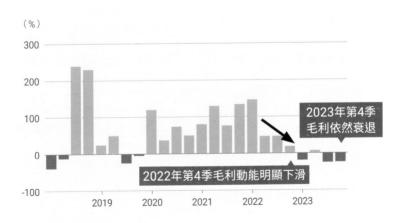

資料來源：macrotrends.net

種股票就不宜再投入更多籌碼。

　　某些唱多特斯拉的分析師主張，特斯拉本來就是「故意降價」，所以毛利下滑很正常，是馬斯克經營策略上的選擇。

　　但我堅信，「毛利不成長」對於科技成長股而言就是滔天大罪，降價促銷想博取更大的市占率，確實是馬斯克有意的險棋，但沒有企業會願意長期屈就於低利潤，這些暫時性的手段，也是寄望未來有一天把市占率做大後，重新掌握市場定價權，把毛利再度拉起來。所以這個策略最終成功與否，取決於特斯拉到底能否賺更多，還是得靠毛利的真金白銀說話。

　　顯然在 2024 年中本書出版之際，馬斯克的如意算盤還不算成功。依照停看聽觀察原則，既然還沒解決問題，就不宜投入更多籌碼跟這種股票賭生死，續存與否，最好等問題被解決了再說。

★ 警訊 3 市值萎縮 跌出那斯達克前 10 大

那斯達克指數是美國科技成長股的代表性指數，成分股刻意剔除金融股，所以它的前 10 大成分股，幾乎就是美國科技龍頭股的代名詞，因此，若你存的龍頭股市值跌出那斯達克前 10 大，可能代表產業趨勢有變，是一個警訊。

單元 5 提到的傻瓜存股組合中的 5 檔經典龍頭股：微軟、蘋果、Google、亞馬遜、Meta，都在指數前 10 大成分股之列。那斯達克是一個市值加權的指數，意思是市值越大的公司，會得到越大的權重。成分股占指數的比重，會依照最新市值來調整排序，市值越大的，排名在越前面。

每間公司的市值、占指數比重會隨著股價變化，當股價上漲時，市值會「自然地長大」。因此，指數的成分股和比重並非恆久不變，圖表 6-5 呈現 2023 年 4 月跟

圖表6-5 那斯達克100指數前10大成分股

時間	2023年4月		2024年4月	
排名	公司 （美股代號）	權重（%）	公司 （美股代號）	權重（%）
1	微軟 （MSFT）	13.25	微軟 （MSFT）	8.88
2	蘋果 （AAPL）	12.46	蘋果 （AAPL）	7.45
3	亞馬遜 （AMZN）	6.82	輝達 （NVDA）	6.14
4	輝達 （NVDA）	5.58	亞馬遜 （AMZN）	5.35
5	Alphabet （GOOGL）	4.18	Meta （META）	5.11
6	Alphabet （GOOG）	4.13	博通 （AVGO）	4.51
7	Meta （META）	4.1	Alphabet （GOOGL）	2.54
8	特斯拉 （TSLA）	3.3	Alphabet （GOOG）	2.46
9	博通 （AVGO）	2.1	特斯拉 （TSLA）	2.36
10	超微 （AMD）	1.29	Costco （COST）	2.31

資料來源：slickcharts.com
說明：Alphabet即大家熟悉的Google的母公司，美股代號GOOG、GOOGL，前者無投票權，後者有投票權。Meta即大家熟悉的臉書，原名Facebook，或簡稱FB，2021年改名為Meta。

2024 年 4 月的那斯達克指數前 10 大成分股及比重，是不是很不一樣？

我常把那斯達克指數喻為「美股明星隊」，能擠進那斯達克 10 強榜的公司，就是整個市場最有價值的 10 大明星公司，絕非等閒之輩。不過，風水輪流轉，現在的明星也可能某天退流行，變成流星，好比當年 PC 黃金時代的明星，現在逐漸過氣的英特爾一樣。倘若榜上有名的公司某天跌出 10 強榜，象徵一個世代的終結，對存該檔股票的人而言，應該視作相當負面的警訊。

當市值跌出前 10 強，有 2 種可能性：

▶ 可能 1

有新的明星公司股價大漲，市值大增超越舊龍頭，新同學擠進榜內，導致原本的第 9 名、第 10 名被擠出榜外。

▶ 可能 2

舊的龍頭股因為自身因素，所屬產業前景出狀況，

股價大跌，市值嚴重蒸發，而且跌幅比其他龍頭股都還
更重，所以跌出榜外。

　　**比起絕對的股價跌幅，我更在意「相對的」股價跌
幅**，設想一個極端情況，如果那斯達克全部 100 個成分
股恰恰好都下跌 10%，所有公司的市值是等比例在縮減，
大家一齊跌的結果，並不會改變市值的排序。因此，當
排名出現變化，有人被擠出 10 強，代表有人的股價相對
落後，不是跌得比別人多，就是漲得比別人少，總而言
之，相對弱勢。

　　當市值排名產生變化，某種程度上，代表科技產業
趨勢出現了重大變化，無論是來自新領域的崛起，還是
舊領域的殞落。

　　那斯達克 10 強榜，這些巨型公司的市值，單一公司
至少在 4 千億美元以上，要能撬動這麼大的資金，讓 10
強排名產生變化，絕對不只是幾個大戶的能耐，代表華爾

街有一大群人都在調整配置，有不少人一起看到趨勢變了，所以若有龍頭股跌出 10 強榜，這是一個重大的警訊。

因此，「跌出 10 強就出場」，是一道有意義的防線。跌出 10 強就出場，能夠在產業趨勢發生巨變時，及時止血。

2000 年網路泡沫爆發前，思科與英特爾原為那斯達克指數比重最高的科技股之一，經過長時間產業版圖物換星移，早已跌出 10 強之列，且始終無法重回 10 強之林。如果能在當時跌出 10 強之際就和這些「舊明星」告別，未來才有子彈擁抱更具成長性的「新明星」龍頭股。不然，當 PC、網路建設的黃金時代已然是過去式，還堅持繼續投入子彈在英特爾、思科這些過氣天王，績效可是會輸給「新 10 強」一大截！

科技產業日新月異，常人難對科技領域具備高度敏銳度，不容易分辨新舊明星、世代交替的機會或風險。其實就存股操作而言，複雜的事簡單做即可，**以那斯達**

克 10 強榜來作為出場的分水嶺，是人人可循、簡易又有效的 SOP（圖表 6-6）。

　　如果你力求充分分散，存股檔數比較多，挑到那斯達克 10 強榜外的公司（例如第 11 強至第 20 強），請自動放寬標準，當市值下滑跌出前 20 強時，再做汰除即可，以此類推。市值排名是「相對」的概念，開始存股的當下，最好先記錄公司在指數市值排行榜上的名次，每季追蹤，才能清楚掌握排名最新的趨勢，是否正在倒退。

圖表6-6 警訊對策SOP

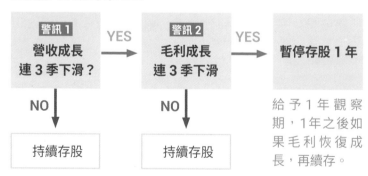

3 種警訊出現後 存股如何因應？

針對 3 種警訊指標不同的狀況，相對應的處置動作，
整理如下：

警訊1 **營收年成長率連 3 季向下**

對應行動 ▶ 檢查是否觸發警訊2，如果沒有同時觸發雙重警
訊，仍可繼續存股。

警訊2 **毛利年成長率連 3 季向下**

對應行動 ▶ 宜暫停存股1年，部位不動停看聽，為期1年觀
察期。待1年（4個季度）過去，再檢查毛利的年成長率是否
重回正成長的常軌。

→ 如果毛利重拾成長動能，可以繼續存股。

→ 如果毛利成長率無法重返正數，不宜再存。

避開風險 ▶ 毛利大幅走下坡，代表產業景氣或公司競爭力出
了狀況，若公司花了數年時間仍找不到解決方案，而你卻持
續存股，最終可能套住不少資金。

警訊3 **跌出那斯達克前 10 大**

對應行動 ▶ 停止存股，並伺機出清所有持股。

避開風險 ▶ 龍頭股跌出10強榜外，代表產業趨勢出現結構
性的重大變化，某個產品的黃金時代成了過去式，未來的營
收、毛利、股價都將易跌難漲。

圖表6-7 那斯達克100指數11～20強績優股

排名	公司（代號）	占指數權重（％）
11	Netflix（NFLX）	1.84
12	百事可樂（PEP）	1.82
13	超微（AMD）	1.78
14	Adobe Inc（ADBE）	1.62
15	林德（LIN）	1.52
16	高通（QCOM）	1.51
17	T-Mobile（TMUS）	1.47
18	思科（CSCO）	1.43
19	Intuit（INTU）	1.29
20	應用材料（AMAT）	1.24

資料來源：slickcharts.com，資料日期：2024年4月

投資筆記

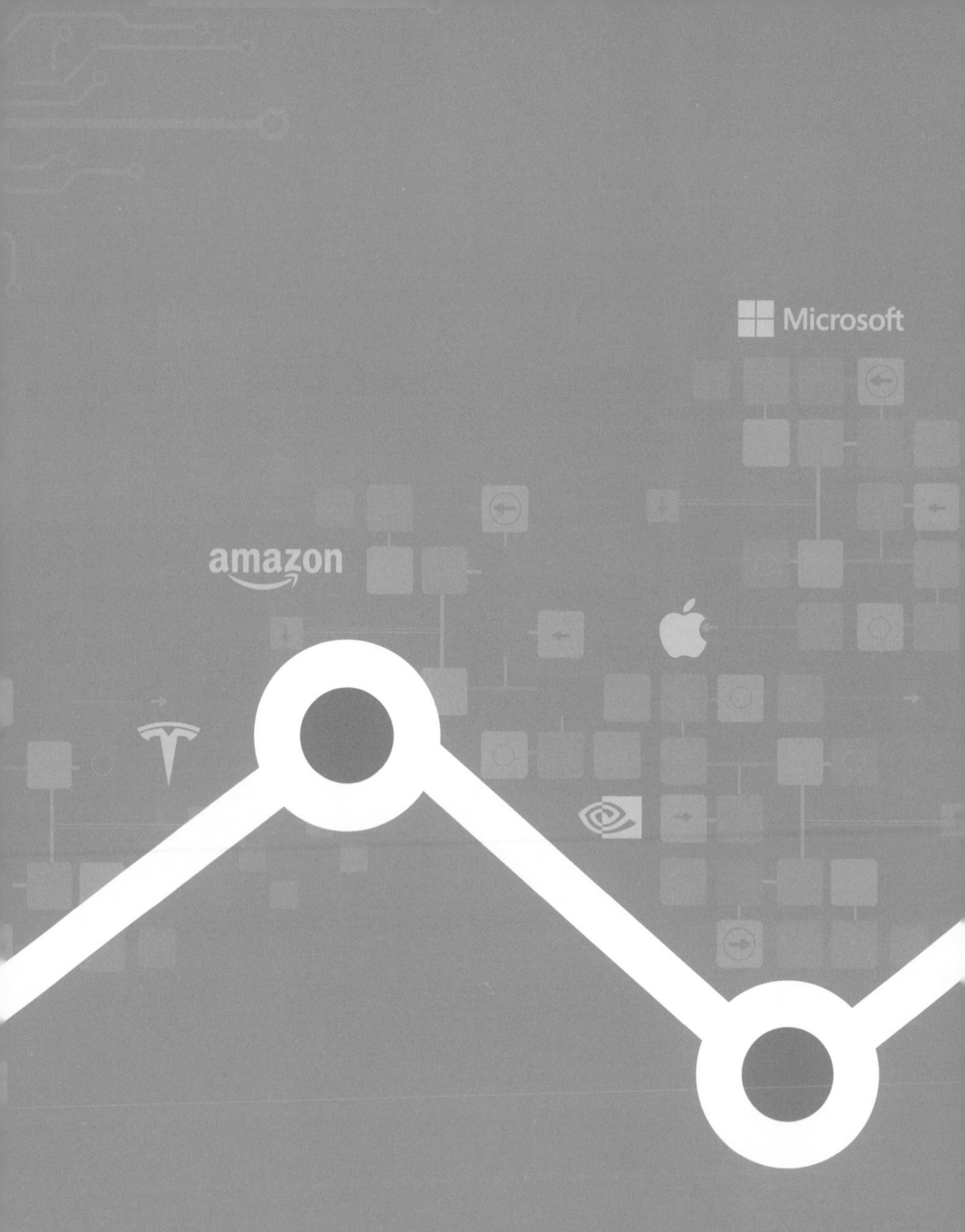

TECHNOLOGY

ᐩ Meta

單元 **7**

掌握必備知識
第1次投資就上手！

★ 交易單位：最低單位1股 投資門檻低

★ 漲跌幅：沒有限制 但有熔斷安全機制

★ 交易成本：交易稅低到無感 股利稅高達30%

★ 交易時間：冬夏季不同 盤前、盤後亦可買賣

★ 下單方式：3種模式任選 較台股多元

★ 投資邏輯：成長股 vs 價值股 關注點大不同

美股適合滾雪球，但畢竟對多數台灣人來說，這是一片陌生的雪場，對於美股小白而言，有些必備知識不能不知道。本單元幫大家整理美股交易重要規則、基本概念，希望幫助投資人用最快速度去適應、認識美股這個市場，清楚明白它與台股不同之處。

★ 交易單位 最低單位 1 股 投資門檻低

台股慣例上以 1 千股為「1 張」股票作為基本單位，可以另外選擇零股投資；而美股本來就以「1 股」為單位交易，交易門檻較低，相對來說更平易近人，一點也沒有新手想像的距離感。假設某公司股價為 120 美元，花 120 美元就能買 1 股，相當於不到台幣 4,000 元即可入手，全世界的小資族都負擔得起。

以台積電的 ADR（美股代號 TSM）為例，在 2024 年之前幾年，股價區間中值在 110 美元左右，4,000 元台幣

不到，就算 2024 年 6、7 月時受惠 AI 股價大漲，依然台幣萬元有找就能買入 1 股 TSM，比起台股市場中 1 張台積電股票動輒數十萬、甚至百萬元，來得更親民許多，也不像台股那些高不可攀的「千金股」，也要上百萬台幣才買得起 1 張。

美股完全沒有「1 張」股票的概念，一律以股數作單位計算，因此下單時不須指定特殊的交易單位，也不須像台股另外乘以 1 千倍，做什麼特別的換算，所見即所得。即便某間美國公司股價看似稍高，超過 1,000 美

 ADR

即美國存託憑證（American Depositary Receipts），是美國以外的企業在美股市場發行的憑證，可供美股投資人交易，台灣的台積電、聯電、日月光等企業都有發行 ADR。以台積電 ADR 為例，1 單位台積電 ADR 相當於 5 股在台股中掛牌交易的台積電股票。

元，其實不過就台幣 3 萬多即可擁有。門檻越低，越能靈活分批進場，對存股族來說是一大利多。

對小資族很棒的還有一點是，美股主流券商如 Charles Schwab、Interactive Brokers、Firstrade 都有提供「零碎股交易」（Fractional Shares Order）機制，允許客戶根據美元「金額」，而不是股數來進行下單，類似於台灣投資人比較熟悉的「定期定額」投資的概念。

舉例來說，假設某 A 公司每股股價 300 美元，但你

圖表7-1 美股主流券商支援小金額零碎單

選擇股票	交易金額（美元）	股價（美元）	可買股數
輝達	10	889.45	0.0112
特斯拉	10	161.18	0.0620
Alphabet	10	141.29	0.0708
亞馬遜	10	174.29	0.0574
蘋果	10	171.14	0.0584

資料來源：Firstrade官網（僅作試算示意，非對上述股票之推薦），股價日期為2024/03

在執行存股計畫時，只想分配 100 美元在 A 公司，下單時只要在數量選擇上，從「股數」切換至「金額」模式，輸入指定金額 100 美元（而非股數），券商平台就會依照你的意思，幫你買入金額 100 美元整的零碎股。

低至「1 股」起、又支援「5 美元起」的零碎股交易（具體金額視券商而定），對存股族而言，算是相當友善的市場，也大大提高我們這套「組合存股」的可行性。好比在台灣，為何多數股民鍾愛存金融股，而非高價電子股，背後的原因就是因為股價低、門檻低，提升了月月撥薪存股的可行性。

台灣金融股的門檻已經夠低，而美國 99% 的股票門檻甚至更低！畢竟，對許多年輕上班族來說，是利用每月薪水一部分來存股，存股金額可能就台幣幾萬元，若想分散到一籃子股票組合，投資門檻低一點，執行起來才會輕鬆一點。

★ 漲跌幅 沒有限制 但有熔斷安全機制

台股的「漲跌停板」（股價單日漲跌幅不超過
10%），放眼國際股市，是一個特別的存在。在美股，沒
有所謂漲跌停板的限制，不過有穩定股價的「熔斷」機
制，本意是在市場出現極端波動時，有 15 分鐘的「暫時
休市」，類似燒斷保險絲來保護電器的道理，讓市場全體
交易者喝口水、上個廁所冷靜一下，希望恢復交易之後
市場能恢復理性。

在台股，正負 10% 漲停板或跌停板，是針對「個股」
價格的最大限制，只要不超過這個幅度之內，都可以自
由買賣；而美股的「熔斷」機制，則是政府一聲令下「股
市現在關門」，所有股票交易全面暫停。等待 15 分鐘過
後，自動恢復交易，這對股市而言是一種保護機制。好
比 NBA 比賽中，若被對手狂打一波 15 比 0 的攻勢，教
練會透過「叫暫停」來穩定軍心，美股熔斷機制的本意，

圖表7-2 美股熔斷機制有3大防線

也是為了穩住投資者短線的心理。

　　全面喊卡、暫停所有股票交易這件事非同小可，所以熔斷機制的門檻，當然不該太容易被碰到。美股熔斷主要有 3 道防線，第 1 道防線，當標普 500 指數較前日下跌 7% 時，全市場暫停交易 15 分鐘；休息時間過後，恢復交易，如果跌幅擴大至 13%，會觸發第 2 道防線，再休息 15 分鐘；第 3 道防線設得更遠，當標普 500 指數跌幅繼續狂跌到 20%，當日提前收盤，不再交易。

　　單看第 1 道防線觸碰的難度，已經非常高，整體大

盤跌幅達 7% 這條件若成立，許多權值股可能當天已經重摔 10% 以上了！在太平盛世，這是難以想像的情況，但在亂世之中，也不是不可能。

回顧歷史，熔斷機制的緣起是 1987 年 10 月的「黑色星期一」，標普 500 指數單日暴跌 22.6%，慘烈情況非同小可。美股的狂瀉也連帶衝擊全球股市，不過就 1 天的時間，整個世界的市值瞬間消失過兆美元，比第 1 次世界大戰的經濟損失還多。

為了防止瘋狂情境再度發生，隔年即 1988 年美國推出了「熔斷機制」，當股市有非常規的劇變，會先強制暫停交易 15 分鐘，冷靜過後，再重新恢復交易。距離我們最近一次的熔斷現場，發生在 2020 年 3 月，因 Covid-19 疫情全球大流行，美股跌跌不休，熔斷再熔斷，短短 1 個月美股保險絲就燒斷 3 次，當時的市場非常恐慌，但也砸出一個絕佳的低檔買點。之後的股市走勢如

何，你不妨猜一猜？

美股有「長牛短熊」的特性，一漲可以漲數年，不過一旦切換到殺盤模式，下行速度非常快，之後反彈的速度也不慢。所以當熔斷被觸發，事後來看，往往都是長線的好買點。5 個月內，美股收復這波急跌的所有失土，並再創新高，並且從此一去不回頭，拉出一波大多頭行情。

倘若下次再觸發熔斷，先別慌，若「誤把買點當賣點」，就不好了。等過幾個月，市場恢復理性後回頭看，恐慌之際其實都是該撿便宜的進場點。

★ 交易成本 交易稅低到無感 股利稅高達 30%

在台股賣出股票，必須貢獻交易金額的千分之三（0.3%）給政府作為證券交易稅。那麼在美股，交易稅怎麼課？這問題有點難答，因為時常調整，不過許多人知道數字後，可能也不想計較了，直呼「太低了吧」！

最近一次調整發生在 2023 年，美國證券交易委員會（SEC）將股票的交易稅率由 0.00229% 調降為 0.0008%，買進股票時沒有這條費用，等賣股票時才會被課稅。未來會調整成如何不曉得，但 10 萬分之 1、之 2 的水準，實話說，真夠無感了。

證交稅之外，美股交易還有所謂的交易活動費（TAF），這成本也是微小到可忽略。美國 TAF 以成交股數計算，每股加收 0.00013 美元，最高大約收取 6 美元，最低收取 0.01 美元，因為時常調整一樣難說個固定數，總之，真夠低了。

雖然日常交易成本極低，但美股有一種稅課挺重的，叫做「股利稅」。當美國公司發放「現金股利」，非美國籍的投資人都會被預扣走 30% 的股利稅，所以假設公司配息 10 元，發現金股利時，自動預扣 3 元上繳美國政府。**無論是透過海外券商或是國內複委託投資美股，都不用**

另行申報這筆稅款，因為稅額一律會先被扣掉，才會將股利分配到我們手上。

好在，幾乎所有的大型科技股都非常「懶得發」股利（這點與台股大不同），主因在於，美股的主流是成長股投資，在華爾街的認知裡，這些科技龍頭們既然號稱高成長，有盈餘時拿錢投資新事業、創造新動能都來不及了，怎麼還有工夫搞現金股利那一套？

在華爾街的眼中，成長型的公司該運用資金去創造更好的未來，投資在新科技、新市場、新產品追求再成長，若配發現金股利給投資者，代表這公司恐怕「找不到好的投資機會」，反而釋放出負面的訊號，這與台灣股民高股息為王的投資邏輯，截然不同。

至於買賣價差的部分，美股並不課稅。台灣人（非美國稅務居民）買賣美股所賺的價差（即資本利得），在美國當地是不用繳稅的，只有現金股利的部分會被課重

稅，所以除非你具備美國公民身分，不然相當不鼓勵用高股息思維去操作美股。

　　以上是美國政府的課稅邏輯，至於台灣這邊，美股所得基本上會併入海外所得計算。美國股市賺到的錢，無論來源是買賣價差或現金股利，若獲利超過台幣 100 萬元，都必須按照台灣稅法申報海外所得。好在，台灣政府對海外所得稅的免稅額度高達 750 萬元，小資族原則上不用擔心。

★ 交易時間 冬夏季不同 盤前、盤後亦可買賣

　　對歐美民眾而言，每逢夏、冬季節切換的時間點，整個社會都統一調快或調慢 1 小時，連帶也會影響美股的開收盤時間，有對應的調整。

　　一般而言，美股交易時間是台灣晚上 9 點半到隔日凌晨 4 點，但自 11 月的第 1 個星期日過後，美股的冬令

交易時間，會調整成台灣時間的10點半到次日凌晨5點。直到隔年3月的第2個星期日過後，才會調整回一般的夏令時間，恢復至台灣時間晚上9點半開盤。

　　之所以有「夏令」與「冬令」之分，是因為夏天太陽較早升起，因此如果能把時間往前調1個小時，傳統社會的運作能早點啟動，早點起床上班、早點下班，也就能省下照明電力。然而，近年不少美國民眾反映這樣的制度不合時宜，美國國會開始有《陽光保護法》的討論，若未來此法通過，可能就不需要1年調整2次時鐘。

圖表7-3 美股交易時間有夏令、冬令之分

項目	正常版（夏令版）	冬令版
盤前交易時間	16:00～21:30	17:00～22:30
正規交易時間	21:30～04:00	22:30～05:00
盤後交易時間	04:00～08:00	05:00～09:00

說明：表格所列為台灣時間

不過，此法目前尚卡關中，目前的美股交易時段，仍然有冬夏令時間之分。

夏令、冬令時間的切換，也會影響我們對盤前、盤後價的認知，台指期貨有夜盤，但台股的個股並沒有全天候交易的概念。美股除了正規交易時段，盤前及盤後也能夠進行個股交易，若買賣雙方成功撮合，就會產生新的市場價格。

以夏令時間為例，雖然台灣時間晚上9點半才正式開盤，但其實從下午4點開始，就能進行盤前交易，有重大消息的個股，可能有跳空向上或下的新價格。盤前價往往是美股作手交易開盤價的參考，所以當你看到某些股票在開盤之際就應聲跳空，往往在盤前價早已明顯跳動。

盤後價也是類似的道理，雖然收盤時間是台灣凌晨4點，之後還是可以掛單交易。與台股一樣，為避免盤

圖表7-4 以高通（QCOM）為例 財報日盤後大漲4%

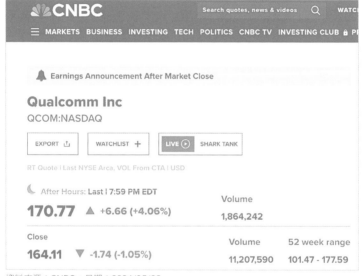

資料來源：CNBC，日期：2024/05/02

中股價大幅波動，美國公司基本上不在盤中時間公布財報、開法說會，許多公司會在收盤那一刻立即公告財報數字，出爐的當下，時常立馬反映在盤後價格。

　　如果下次在美股網站，看到2個相去甚遠的報價，

請務必睜大眼睛看清楚，**Close Price 是正常的收盤價，如果特別標示「After Hours」代表盤後價，如果標示「Pre Market」則是盤前價。**

不用太過擔心，95% 以上的日子，盤前盤後的股票價格不會亂跳，通常只在重大消息或財報日，才會有特殊的跳動。

開放額外交易時段（extended hours）的好處是，讓投資人有機會在正規開盤前及收盤後對突發新聞及事件做出反應，也是財務理論講的「價格發現」。例如財報日當天，往往股價會劇烈波動，若法說會上 CEO 一句話講錯，盤後價格可能瞬殺；反之，若 CEO 給出了亮眼的營收預期，語畢價格也可能即刻大漲。有了額外交易時段的機制，能幫助法說會的參與者，掌握最新消息後，有即時調整部位的機會與空間。

但請謹記，比起正常交易時段，**盤前及盤後交易的**

參與者少很多，股票的流通量小，訂單可能只會部分成交甚至無法成交。也因為流動性不足，買賣價差比較寬，偶有錯價的情形發生。如果你想嘗試盤前、盤後交易，下單時務必仔細點，不然要是手滑按錯價格，不排除成交在一個很離譜的價格！

★ 下單方式 **3 種模式任選 較台股多元**

「絕大部分美股時間我都在睡覺，怎麼下單比較好？」這題也很常被新手問到。如果有人批評美股的交易時間太晚，會影響生活品質，那他肯定對美股的掛單技巧還不熟悉。

以我自己來說，除非是重大財報日或聯準會 FOMC（聯邦公開市場委員會）利率決議日，不然我非常少熬夜看盤，甚至時常在晚間 10 點到 12 點開直播，在自己的頻道暢聊盤勢實況，專注力完全放在與粉絲互動，身

體力行「不盯盤」這件事。投資美股也可以相當樂活，由於下單方式多元，該掛的單子、價位設定好後，根本不用盯著部位看，早早安心睡覺就好。

方式 1 》長久有效單（Good-Til-Canceled Order）

美國券商提供的掛單方法非常多元，例如，有種掛單方式叫「長久有效單」，簡稱 GTC（Good-Til-Canceled Order），只要沒取消，這張單子就會一直掛著、恆久有效，設定好價位之後就耐心等候，當天沒成交也沒關係，未來幾天甚至幾個月後，只要股價曾經到達你指定的價位，就能成交。

舉個例子，某股票現價 400 多美元你嫌貴，堅持要等它跌到 350 美元才願意買入，可以掛個限價 350 美元的 GTC 交易單，等待成交的那一天，券商 App 會通知你。當然，如果價格掛得太遙遠，也可能等不到成交那一天。

GTC 這樣的掛單方式，在台股還沒見過，但在美股，

主流券商平台都有支援。美股券商競爭激烈，拚服務的良性結果，各平台衍生出不同版本的 GTC，某些平台可以進一步設定天數，例如「90 天」的 GTC 交易單，代表平台會幫你把這筆單掛著 90 天，第 91 天起才失效。另外，也有券商提供 180 天 GTC 的選項，取決於券商支援到多細的設定，玩法非常多，當你完成開戶後，建議還是花時間熟悉各種下單規則，先下幾單測試性質的交易，儘早讓自己熟悉平台的交易機制。

方式 2 》 市價單（Market Order）

我自己是喜歡速戰速決的人，很少使用 GTC 掛單，常使用市價單（Market Order）居多，自行等待合適的價位，好時機一到（有時只是睡前不想再看盤），毫不猶豫地送出市價單，立即成交。好處是保證買得到，但市價單的成交價格會等於第 1 檔委賣價（Ask Price），等於跨過買賣價差（Spread），微微高於委買價（Bid Price）。

方式 3 》限價單（Limit Order）

多數人最常使用的掛單方式，應該還是限價單（Limit Order），也就是掛一個比現在市場價更低的買價，等到股價下跌至指定價格，才會成交。如果是透過國內複委託交易，限價單、市價單都可以下，但國內券商普遍不支援 GTC 這種掛單方式。

雖然人的天性愛買便宜不買貴，能理解，但就存股計畫執行的角度，不建議把指定價格掛得太遠，掛價越低、成交機率越低。

別忘了，我們想建立的是一籃子存股組合，為了維持不同股票間的適度比例，最好一起成交、一起擁有，如果你的掛價總是非常保守、限價太低，很可能只買得到弱勢股（有下跌，才讓你買到），真正的強勢股往往價格易漲難跌，如果一直買不到，有些人會放棄組合式投資，或者之後用一個更差的價格追高，都不是好的做法。

★ 投資邏輯 成長股 vs 價值股 關注點大不同

　　成長股投資和價值股投資是美股投資的 2 大門派風格，2 種方法論、關注點截然不同，有感於許多網路資訊定義不清，甚至張飛打岳飛亂套，特此解釋，希望讓讀者清楚明白什麼是華爾街口中的成長型（股）投資、價值型（股）投資。

　　本書自大型科技股出發，這些科技龍頭公司的股票，都是所謂的成長股，並非價值股，所以都隸屬於成長型

圖表7-5 商業產品的 4 大週期

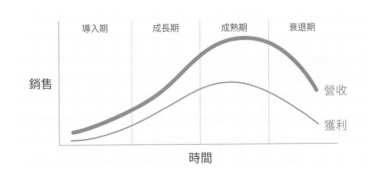

投資的範疇。有必要好好談談何謂成長型（股）投資，才會更了解到底我們存的是怎樣的股票，好比關心體態的人吃東西會看卡路里，如果你關心自己的美股部位，就應該明白成長股的底層邏輯。

追根究柢，得從產業、產品的生命週期說起。從食品飲料、汽車、個人電腦、手機到電動車、AI 軟體服務，所有商業產品的發展都有其週期循環，會經歷「導入期、成長期、成熟期、衰退期」4 大階段。歷史比較悠久的產業如罐裝飲料，已經發展超過一個世紀之久，自然不在高速成長的第 2 時期，已步入成熟期，所以「可口可樂」這樣的公司，在標準的價值股之列，而非成長股。

成長股 》著重未來潛力 買在高本益比

所謂的「成長股」，指處於成長期（第 2 期）的公司，旗下擁有至少一個年年成長的主力產品。由於這類公司尚未完全定型，每年的營收與獲利持續成長，未來發展

潛力也大，所以華爾街分析師評價時會給出較高的本益比，值得更貴的股價。

成長型投資，看重的更多是企業「未來」成長的潛力，過去畫的大餅（未來的營收、獲利），將來成功兌現的機率多高。因為成長股的未來性題材多數達 3～5 年、甚至 7 年之久，潛力雄厚但畢竟尚未兌現，「未來的營收」還是有其不確定性，所以風險相對於成熟期的企業來得高，**因此成長股的股價波動大，股性非常活潑。**

如果某次的法說、財報數字顯得保守，可能讓華爾街「重新評估」這家公司未來成長力道。相對地，如果成長型公司對市場設定的高營收、高獲利目標均能輕鬆達成，甚至進一步上修利潤前景，一旦分析師覺得「這公司的未來不只這樣」，也會跟著上修目標價。

成長股股價要能飆的前提是，公司持續有辦法找到新的成長動能、新產品、新市場，不斷達標華爾街的預期，

拚了命地無止盡成長，才是成長股價格能否持續創新高的關鍵。只要未來還能繼續成長，即便當下的本益比不低，但對於成長型投資者來說，依然值得期待、值得投資。

根據經驗，投資成長股的當下可能常覺得「買貴了」，但過幾年事後來看才知道有多便宜。就像 2000 年，當亞馬遜還在拼營收成長，獲利表現還很掙扎，本益比是驚人的 100 多倍，但 2 年過後，亞馬遜不斷繳出一次又一次漂亮的成績單，股價本益比可能只剩幾十倍，目標價不斷被華爾街上修再上修。若從 2001 年的低點（0.54 美元）至今上漲超過 300 倍，這正是成長股「兌現潛力」的魅力所在。

我是一個標準的成長型投資人，本書也圍繞著成長股來打造美股存股計畫，希望你都認同。不少投資大師很排斥成長股，認為高本益比的背後可能隱藏泡沫風險，像股神巴菲特對成長股就很感冒，相對來說，他更

推崇價值股投資。

價值股 》重視股價是否低估 買在低本益比

　　價值股投資恰恰是另一種相反的邏輯，關注的是「當下」的股價是否低於企業的合理價值，所以價值型投資人喜歡「地上爬」的股票，認為跌爛之後再買入才是王道，最好本益比夠低、股價淨值比也低、股息殖利率很高，這種是價值型投資人的最愛，他們通常是求穩優先、配息優先，不追求（時常錯過）成長型飆股的爆發力。

圖表7-6 價值股 vs 成長股 投資風格比一比

價值股	項目	成長股
現在	重視	未來
價值被低估的公司	選股邏輯	具高成長潛力的公司
本益比、股價淨值比、配息率	看重數據	毛利率、營收成長率、資本支出
傳產、金融、公共事業、必需性消費	代表性產業	半導體、軟體服務、生技醫療

舉個例子，像是美國的金融股，這種成長性較侷限的產業，成長型投資人或許不屑一顧，但巴菲特非常喜歡。

　　猜猜看，回顧美股歷史，哪種類型的投資人能獲得更好的報酬率？**肯定是成長股**，科技龍頭公司的市值在過去10年飛速增長，反觀價值型類股如金融股、傳產股，當然也有所成長，但幅度、斜率肯定無法相比。這也很合理，科技成長股投資人冒著更高的波動風險，理所當然該獲取更高的回報。

　　存股是個長期計畫，總會遇上科技業景氣降溫的時期，下回當科技股波動開始加劇，勢必會看到報章媒體大肆張揚「某某股本益比過高」、「網路泡沫危機可能重演」、「價值投資才是王道」等聳動標題，希望你理性看待，無須為此驚慌或者打亂存股計畫。

　　若確實以組合存股的方式操作科技股，有分散投資標的，也有分散進場的時間及價格，風險已經相對可控，

只要關注警訊指標，按照 SOP 做對應的處理即可。產業循環本就有高有低，剩下的交給時間去驗證，「重拾成長動能」這劇本對科技龍頭這群矽谷菁英們，一點兒也不陌生，一旦重返成長正軌，華爾街自然會還股價一個公道。

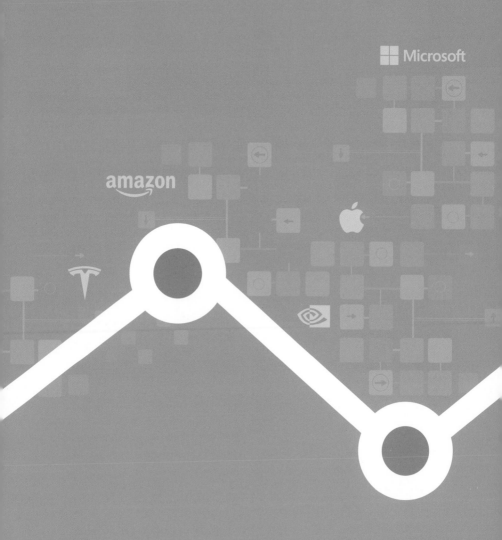

TECHNOLOGY

單元 **8**

避開4大地雷
以免投資弄巧成拙

★ 地雷1：存到營收波動劇烈的股票

★ 地雷2：大盤走空時就不敢存股

★ 地雷3：存到市值不夠大的中小型股票

★ 地雷4：對股價有懼高症不敢存

閱讀前面的單元，相信你對美股已有不錯的認知，也認同美股是個值得投資的市場。選對市場已經成功了一半，不過投資計畫的執行面，還是有些細節值得關注，就像打撲克牌一樣，拿到好牌是好的開始，但出牌方式也得合理，才不至於把一手好牌打爛。

長期而言，要透過龍頭股滾出時間複利並不難，前提是一些該避開的地雷不要踩，以下整理美股新手常有的迷思，提醒投資人注意。

★ 地雷1 存到營收波動劇烈的股票

單元6以特斯拉（Tesla，美股代號TSLA）對照微軟（Microsoft，美股代號MSFT）為例，說明營收波動太大的股票，不適合存股。接下來進一步探討適合存股及波段操作的股票，究竟有何不同。

雖說都是靠投資賺錢，但就標的選擇而言，長期存

股和波段操作這 2 種策略的操作邏輯、選股邏輯，其實
大不相同。

長線存股的股票篩選，首重股價須有「長期向上」
的趨勢性，每隔 3、5 年就能再創新高，這種線型長相是
最理想的存股標的。存股是長期持續的籌碼投入，原則
上只進不出，不是做短線波段，也不搞頻繁進出那一套。
因此，倘若股價無法向上突破再創新高，常年只是在大
區間盤整，無法持續性締造新高價，對存股族的獲利提
升，幾乎沒有貢獻。

圖表8-1 適合短線波段 vs 長線存股的股票不一樣

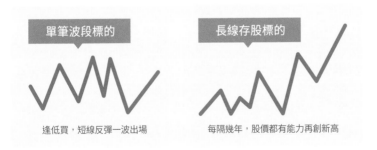

單筆波段標的　　　　　　長線存股標的

逢低買，短線反彈一波出場　　每隔幾年，股價都有能力再創新高

存股族寄望的最佳情境是：當股票在盤整區或低檔區，月月存股增加股數，等到持股累積到一定數量，一旦多頭年來臨，股價正式起漲向上拉升時，手上所有股數的整體價值全部一起帶大。

反觀波段操作，也就是單筆進、單筆出的買賣策略，一般沒有長期持有的打算，有個中短線的蜜月期即可，並不須要真的走出3～5年的大行情，對股票的要求低很多。

適合做波段的股票很多，但適合長期存股的標的，其實很少。這裡想強調的是，美國不是所有的龍頭股都能穩穩存，也不是所有大型股都適合當存股的標的，像特斯拉這種就不適合。

如圖表 8-2，自 2022 年初起，特斯拉股價就不曾再創新高，拉不出股價新高點，只是一直重複著盤整節奏的股票，不適合長期投入資金存股，低檔區買再多、存再久也賺不到錢，很難獲得時間複利。以特斯拉這樣的

股性,如果每月買入、定期定額存股,執行個 3、5 年時間,對存股族而言,很可能只是白忙一場。

　　究竟什麼樣的股票才適合透過存股,長期獲得複利報酬?

　　以微軟的股性為例,如圖表 8-3,2020 年初至

圖表8-2 特斯拉近 5 年股價走勢

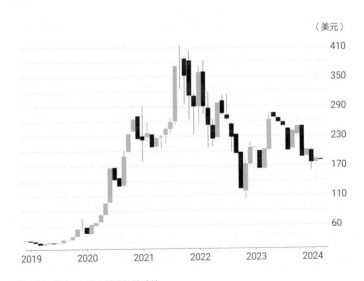

資料來源:CMoney法人投資決策系統

2022 年底，微軟股價曾在 200 美元至 300 美元這個大

區間，盤整了近 3 年，當 2023 年生成式 AI 崛起，手握

OpenAI、ChatGPT 的微軟，成為全球 AI 主要的受惠者，

股價迎來大爆發的一年。這對存微軟的股民而言，無疑

是最佳的情境。先是盤整了 3 年，代表存股資金累積了

圖表8-3 微軟近5年股價走勢

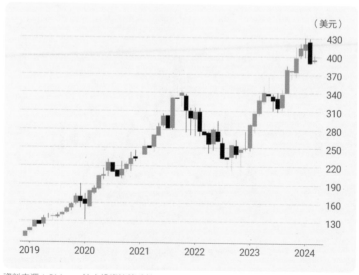

資料來源：CMoney法人投資決策系統

3 年，持股數已不少，此時股價向上大拉一波，一次性將前 3 年累積的存股心血共同拉升，雪球滾得超級漂亮。

假設每月存 5 萬元，每年可存 60 萬元，3 年的盤整期，已累積 180 萬元的本金籌碼，第 4 年若碰上多頭年，可以一次性拉高這 180 萬元的籌碼，每增加 1% 至少都是 1.8 萬元的獲利，很補。

這種「盤 3 年、拉 1 年」的型態，給我們充裕時間在低檔區好好累積籌碼，在後續股價創新高的多頭年一起被滾大，是存股族最愛的情境。假設微軟股價不是這種型態，而是一路狂拉連漲 4 年的那種，聽起來很令人興奮，但對存股族而言其實沒比較好，當一路存、股價一路漲，一路的成本也越墊越高，獲利不見得比「先盤再拉」來得好。

不只微軟，其他龍頭股像是 Meta、蘋果，在 2023 年的股價，都有能力寫下歷史新高。反觀特斯拉，當眾

多龍頭股都乘勢一起上去了，它卻只能維持盤整格局，沒辦法締造新高，動能明顯落後其他的大型股。

雖說過去股價不代表未來，但至少良民證還是比前科紀錄更令人放心。特斯拉這幾年的問題，出在哪裡？

特斯拉並非沒有利多，要講人工智慧的基本面，特斯拉也擁有相當不錯的自主研發能力，執行長馬斯克（Elon Musk）一手打造 Dojo 超級電腦的高階算力，自動駕駛的行車數據量、AI 處理能力也都強過對手，但為何特斯拉的股價就是創不了新高？為何微軟能、Meta 能，但是特斯拉就是不能？

這些大型股的差異，背後當然有很多因素可以探討，我的解讀是：特斯拉的營收穩定度太差。

股價的波動，往往來自於營收、獲利的波動，如果營收太不穩定，經常忽高忽低，會影響多頭拉抬股價的信心度，自然也會影響股價長期的穩定度。

　　如果像特斯拉這樣營收的波動總是大起大落，好的時候能成長，讓華爾街不斷上調目標價，但差的時候也很差，營收成長動能常熄火，華爾街的買盤往往也不易持續，法人買一波之後就縮手，甚至時有賣壓湧現。

　　在單元 6 有提到存股的警訊指標之一，如果營收經常大起大落，與毛利同步衰退，可能導致存股計畫走走停停，相對來說沒那麼適合存股。這樣的股票，法人難

圖表8-4 特斯拉近5年營收年成長率波動大

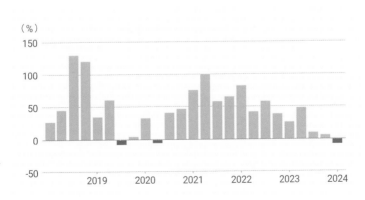

資料來源：macrotrends.net

抱很久，缺乏長期持續拉抬的動力，就不容易再創新高。

存股計畫開始前，針對心儀的大型股，不妨到 Macrotrends 網站檢查該公司的營收歷史資訊。若經常陷入營收衰退的麻煩，就不適合長期存股，**這種「不穩定」的股票不是不能買，但請用短線波段的方式操作。**畢竟對長線存股族而言，目標是把雪球滾大滾久，而不只是短線衝一波而已，選擇營收波動相對可控的標的，可消除存股雪球坡道上一些討厭的荊棘。

★ 地雷2 大盤走空時就不敢存股

美國作為世界經濟的火車頭，經濟的韌性比任何國家都好，回顧歷史，美國極少陷入超過 5 年的長期經濟衰退。每當經濟出狀況，隔幾年過後，景氣總能回春復甦。因美國政府對外的國際主導性強，對內又手握許多武器，透過政策刺激、外交經貿、貨幣寬鬆等工具交叉

運用，總能針對問題找到解決方案，使得美國經濟不容易陷入長期衰退。

對比經濟麻煩纏身的日本失落 30 年、中國地產泡沫、南非幣長期貶值⋯⋯這些令他國束手無策的結構性難題，美股投資人幾乎不須要擔心，這也是為何美股非常適合長期投資、長期存股的核心理由之一。而當經濟低谷期撐過去，美國整體經濟、就業、消費回溫之際，科技產品需求跟著回升，科技龍頭們自然是受惠者。

因為美國經濟韌性強、救經濟的手段多，對龍頭存股族而言，其實不怕美國經濟衰退的風險（反正拉長時間救得回來），也不怕「大家一起跌」的系統性風險，但就怕「龍頭自己輸給自己」，若是產業趨勢發生巨變，導致龍頭所屬產業有被淘汰的風險，才是龍頭存股族最須要在意的頭號天敵。用投資理論的術語來表達，只怕「產業結構性衰退」的風險，不怕「系統性風險」。

有時候明明龍頭公司自身營運無虞，只是受到一些地緣政治緊張、黑天鵝事件、天災等利空消息干擾，震出幾個月的波動，對於波段族而言可能感覺很差，甚至打到停損出場，但對於好公司的存股族而言，其實都是非常好的加碼良機。

記得微軟「盤 3 年、拉 1 年」的例子嗎？微軟盤整的 3 年（2020 至 2022 年），當中的 2022 年是個標準的空頭年，標普 500 指數、那斯達克指數都出現大幅度修正，若當年信心受到動搖，沒有堅持繼續月月存入的話，是非常可惜的一件事。

如果因為空頭年的大盤表現不佳，也沒用單元 6 提到的 3 大警訊指標檢視公司體質，單純心生恐懼而在 2022 年貿然暫停存股，等到 2023 多頭年大爆發時，手上累積的持股數少很多，勢必少賺不少。

美股有「長牛短熊」的特性，大盤的修正波往往時

間不長，但速度快、**向下斜率陡峭**，當短線熊出沒時，非常考驗人性，很容易把不堅定的投資人給洗出場。以 2022 年為例，當年大型股的跌幅很重，把很多投資人洗了出場，然而，多數大型科技股都在隔年即 2023 年收復前一年跌幅的失土，甚至再創新高。如果存股族心理上承受不住，砍在 2022 年的阿呆谷，看到未來的轉折發展，肯定後悔莫及。

假設存股的公司股價出現較大跌幅，下跌了 10%、15%，你該做的事不是恐慌，也不是貿然停損，而是回頭複習單元 6 的 3 大警訊指標，查詢它在過去 3 季的營收、毛利年成長率，是否逐季下滑。科技龍頭不怕大環境不好，只怕自己輸給自己。如果 3 個警訊指標都未觸發，代表公司本身的營運、競爭力、產業沒出大問題，毋須擔心，請繼續存股，繼續吃得好、睡得好。

簡而言之，只要不是 3 大警訊指標所引發的股價下

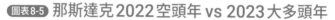

圖表8-5 那斯達克2022空頭年 vs 2023大多頭年

跌，都是優質公司難得打折的 Happy Hour（歡樂時刻），若你猶豫不敢買進，因此而中斷存股，甚至殺在低谷出場，是相當可惜的事！

　　一般人面對修正波時常常心生恐懼，導致錯誤的非理性決策，如果跨不過人性，在空頭年被波動嚇到了，不敢存股了，雪球就不滾動了，財富增長速度放緩。簡單的道理大家都懂，衷心希望讀完這本書的你，可以善

用 3 大警訊指標穩住情緒，面對波動心裡有底，讓存股
實踐得以長長久久。

★ 地雷 3 存到市值不夠大的中小型股

本書的主軸是介紹龍頭股的存股心法，都是以大型
股的投資觀點出發，不過，美股還有許多中小型股甚至
是網路及社群媒體追捧的迷因飆股，是否也能沿用一樣
的存股邏輯去操作？

每逢牛市，活蹦亂跳的中小型股躍上新聞媒體版面，
當紅的題材、漂亮的線型不免令人有些心動，到底該穩
穩地存龍頭公司，還是挑戰「空間看似更大」的中小型
公司？

美國是創業者、創投資金的天堂，在多頭市場，
許多中小型公司乘著新興科技勢頭而上，例如區塊鏈、
NFT、元宇宙、共享經濟、人工智慧⋯⋯這些領域都曾

經英雄出少年，孕育出高速發展的新創公司。

不過，基於以下理由，這些新創公司並不適合存股，**個人不太推薦長期將資金存入這些美國的中小型股。**

首先，比起大企業，中小型公司的營收更容易大起大落，直接違背了「營收波動太大不宜存」這項原則，易打亂存股計畫（請複習單元 6 的警訊指標①，溫故而知新）。

其次，新創公司靠單一業務或單一產品打天下，缺乏多個產品線來分散風險。因為公司不夠大，只能把所有資源放在最核心的業務。而且新創意、新趨勢往往是時間的戰場，必須拚速度盡快研發，燒錢燒得快，不太有餘裕資金進行多角化的經營。長期投入資金在這樣的公司，有過度依賴單一產業的風險。

舉個例子，2020、2021 年，當 Covid-19 疫情大流行之時，華爾街大力吹捧「疫情受惠股」，在當時

Teladoc（美股代號 TDOC）這檔遠端醫療股，得到非常多的關注。

Teladoc 主打遠端視訊看診，在疫情期間一炮而紅，因降低了醫生及患者看診的感染風險，也打破了距離的限制，提供美國民眾「零接觸」就能獲得醫師診治的管道，特別在地理幅員廣大、醫療費用極為昂貴的美國，大受歡迎，被華爾街視為主要的「疫情受惠股」之一。當疫情肆虐導致經濟拉警報，居然能有股票逆勢受惠，難能可貴，在當年獲得相當多的關注。2020 年 Teladoc 的股價大漲翻倍，宛如下一代的醫療股明星。

然而好景不長，自 2022 下半年全球疫情明顯降溫，各國紛紛解封，這樣的股票從備受吹捧的「疫情受惠股」變成「解封受害股」，只是一顆稍縱即逝的「流星」，不是能滾大雪球的優質工具，要是把錢定期存入這種股票，恐怕只會把雪球越滾越小（見圖表 8-6）。

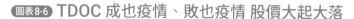

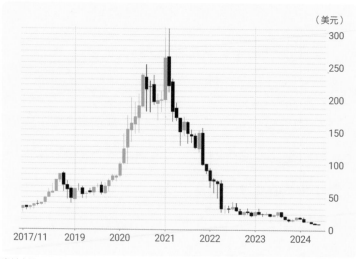

圖表8-6 TDOC 成也疫情、敗也疫情 股價大起大落

（美元）

資料來源：XQ全球贏家

　　類似的故事在美國中小型公司不斷上演，從遠端醫療、遠端辦公、虛擬實境到 NFT 熱潮，快速捧紅許多新創公司，在某個年度締造亮眼績效之後，開始快速走下坡，僅有短暫的絢麗煙火，無法給你長期的時間複利。

　　對美股新手而言，還是應該先求穩，以龍頭股為主

要存股標的。美國的龍頭股像是「會跳舞的大象」，市值大歸大，但國際關注度非常高，時不時有國際鉅額資金買盤流入，股價要飆起來也可以很飆，與一般人對大型股印象中的笨重感，很不一樣。再者，美國科技龍頭相當擅長多角化經營，擁有多條產品線、多隻金雞母，而非依賴單一科技產品，風險有所分散，能降低長期投資的風險。

結論是，直接從那斯達克指數前 10 大公司挑起，過濾掉營收波動太劇烈的公司，就是值得存股的優質公司。如果覺得只有 10 間公司不夠挑，想看更多其他的大型

那斯達克指數成分股去哪裡查？

Slickcharts（www.slickcharts.com）是 一 個 提供美股主要指數及公司相關財務數據的網站，例如標普 500、道瓊指數、那斯達克指數等。以那斯達克指數為例，想了解成分股的變化，進入網站首頁

▶▶ 後，點選「Nasdaq 100」後在出現的下拉選單選擇
「Companies」，即可看到成分股的公司、所占權重、
股價漲跌等資訊。
除此之外，還可在下拉選單中查詢歷史報酬、成分股
表現、年初至今報酬、股息收益率、權重分析等資料。

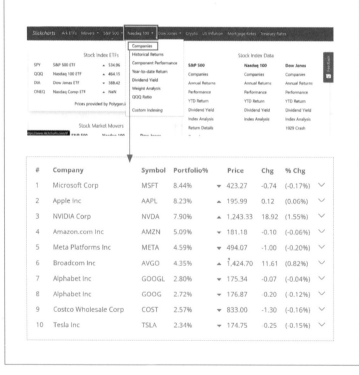

股，也可以將候選名單放大到指數前 20 大成分股。其餘的公司，進不了那斯達克前 20 強的，市值可能不夠大，存起來不夠穩，若真的手癢想玩，波段操作即可，不適合存股這一套。

★ 地雷4 對股價有懼高症不敢存

「龍頭老大股價好高，能不能存同產業的老二就好？」也是很常被問到的一題。雖說老二也算一方之霸，市值通常也不低，算廣義的龍頭股，但就「新客護」的競爭優勢而言，肯定還是老大厲害，核心競爭力比老二更強，更難被競爭者追趕上。

例如 AI 晶片的老大輝達（Nvidia，美股代號 NVDA），在技術上明顯領先老二超微（AMD，美股代號 AMD）數年，與中美兩大巨頭政商關係非常好，也擁有 CUDA（Compute Unified Device Architecture，統一計算

架構）這主流 GPU 技術平台的主控權，這些都是輝達才
有、AMD 沒有的優勢。老二不是不能存，只是想存老二
的話，麻煩務必「老大和老二一起存」，若因為股價懼高
症不敢存老大，「只存老二」的話，從圖表 8-7 可以看出，
以長期績效的角度，老二可能輸給老大一大截，不是太

圖表8-7 輝達股價表現遠比超微亮眼

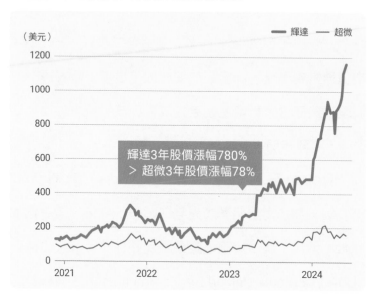

優的策略。

好比過往在台股，很多股民嫌台積電漲太高不敢買，只想挑相對便宜的聯電入手，長期下來，如果只買聯電、不買台積電，績效的差距可說是相當巨大。

產業循環都有週期性，有旺年、淡年之分。在產業巔峰期，老大因市占率最高，營收動能比老二強，賺的比老二多；反過來，**在產業低谷期，需求疲軟之際，市場定價權主要在老大身上**，老二利潤空間恐被壓縮，作為老二的訂單衰退、存貨問題通常也比老大更嚴重，未來營收、利潤展望被華爾街下修的可能性及幅度都可能更大。

這些老大的優勢，理所當然會反映在股價、本益比上，老大的漲幅往往也狠甩老二好幾條街，導致很多散戶買不下去，想去尋找「更便宜」的標的，才萌生「不然買老二好了」這種想法，是許多人做投資常踩的誤區。

　　老話一句，一分錢一分貨，老大股票比老二的貴有其道理，如果是基於風險分散，在投資老大之外，刻意配置一些籌碼在產業老二的股票，尚屬合理，但如果只買老二、不碰老大的話，長期下來，績效幾乎肯定落後一大截。

　　女股神凱西‧伍德（Cathie Wood）這號人物你聽過嗎？伍德鍾愛中小型股出了名，她所創辦的方舟投資旗下的旗艦 ETF——ARK Innovation ETF（美股代號ARKK），在 2020 年股價飆漲了 153% 之多，靠的就是她挖掘中小型明星公司的眼光，成功抓到當年 Covid-19期間諸多「疫情受惠股」，幫這檔 ETF 的績效與聲望推至極高。

　　方舟投資整體選股策略不愛老大，特別偏愛中小型股，擅於發掘產業老二、老三的投資機會。2020 年恰是美國中小型股百花齊放的一年，因而大放異彩。但美國

圖表8-8 ARKK 股價由盛而衰

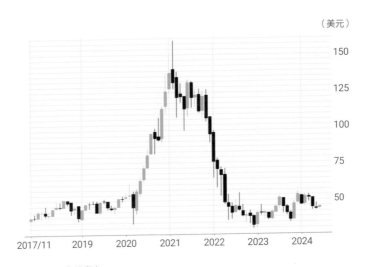

資料來源：XQ全球贏家

中小型股像是百米短跑選手，可以跑得非常快，但可能跑不遠，如同前文提到 Teladoc 的例子，當疫情降溫、經濟解封之後，許多 Covid-19 時代的明日之星，反而成了「解封受害股」，股價從此一蹶不振。

2021、2022 年這 2 年期間，ARKK 股價直直落，大

幅縮水到腰斬。大漲後又接連大跌，不勝唏噓，回歸根本的原因，在於老二、老三抵禦經濟或產業下行風險的能力較差，牛市期間可以跟龍頭老大一起雞犬升天，但熊市也可能把先前的漲幅加倍奉還回吐出去。

伍德在華爾街有完整的歷練，曾任諸多大型金融機構的資深分析師，即便像這樣的投資沙場老將，都可能栽在中小型股慘遭滑鐵盧，更何況是一般人，若想靠中小型股來滾大雪球，成功的機率實在不高。

如果本書要選出 2 個最重要的單元，我認為是單元 6 警訊指標及單元 8 地雷禁忌這兩部分，一個談存股的風險控管，一個談存股的「dos and don'ts」（能做和不能做的事）。長期存股的過程，勢必會遇上空頭年的試煉，有了這些應對風險的原則及處理方式，更能幫助我們在長期存股的過程持之以恆、堅持到底。

圖表8-9 存股的4大地雷

當營收波動大，股價波動也可能很大，存股計畫易被打亂。

當未來步入多頭年，持股數累積得不夠多，獲利沒那麼好。

地雷1
存股標的的營收常大起大落

地雷2
大盤走空時不敢存股

地雷4
對老大有股價懼高症，只敢存老二

地雷3
捨大型股，存中小型股票

長期而言，老二績效跑輸老大的機率很高。

股價可能只有短期爆發力，缺乏長期續航力，股價不見得能持續創新高。

TECHNOLOGY

單元 **9**

擔心個股風險高
改存 ETF 行不行？

★ 存個股報酬及靈活度高 存 ETF 可分散風險

★ 台灣 2 檔美股科技 ETF 懶人之福

★ ETF 持有成本 美製比台製便宜

本書盡可能將存股在美股的實踐方法系統化、極簡化，像是傻瓜存股組合以平均分配法這樣簡單的實作方式，應該能大幅縮短投資人與美股的距離，讓「美股存股」有更平易近人的感覺。

聽起來存美股難度不高，但懶惰是人的天性，即便傻瓜存股法再平易近人，還是有人會舉手發問：「想存美股，但我超懶，有沒有更簡單的方式？」

你也可能會問：「如果存龍頭股也須要分散，不該孤注一擲，科技龍頭占各大美股指數的比重也不低，能否透過 ETF 這種指數型工具作為存股的替代方案？」

投資工具及投資方式沒有絕對的好壞，想存個股組合，或是選擇現成的 ETF，各自有其優缺點。不過，兩者畢竟不是雙胞胎，還是有本質上的差異，這個單元就來交叉比較「存個股 vs 存 ETF」2 種方式，留給大家自行選擇。

圖表9-1 複習美股存股 4 步驟

Step 1 以龍頭股為主，過濾掉營收波動劇烈的公司，篩選出存股標的

Step 2 平均分配籌碼，紀錄各檔股票的投入比重與金額分配

Step 3 月月執行買入

Step 4 季季檢查3項警訊指標

SOP 降低人為判斷，複雜的事簡單做！

★ 存個股報酬及靈活度高 存 ETF 可分散風險

回顧單元 5 提到的「傻瓜均分投資法」，月月存 5 檔經典龍頭科技股，每檔平均配置 20% 資金，每月定期買入，按照本書始終如一的原則，我們鼓勵的存股方式是：

第一，存股要分散，勿集中單一股票，建議組建一籃子組合，5 ～ 7 檔為宜。

第二，以大型龍頭股為主，避開市值不夠大的股票

（市值最好高於 1 千億美元）。

熟悉 ETF 的朋友們，以上 2 點是不是讓你有種似曾相似的感覺？

以蘋果、微軟、Google、亞馬遜、Meta 這 5 大經典龍頭來說，合計占了那斯達克（Nasdaq）指數比重約 3 成，是該指數最核心的前幾大權值股。如果月月存追蹤那斯達克指數的 ETF（例如 Invesco 那斯達克 100 指數 ETF，美股代號 QQQ），或者其他類似的大型科技股 ETF，是否也能獲得不錯的效果？

請先回頭思考：「ETF」的本質是什麼？追蹤特定指數的投資工具。任何股票指數背後都有一籃子權值股，也就是所謂指數的成分股，也是 ETF 的成分股，經理人會按照指數既定的權值比例做配置。

以QQQ這檔ETF為例，追蹤的是那斯達克100指數，該指數由100家在那斯達克證交所上市的成長股組成，刻

意避開金融股來篩選出權值股，並以市值加權。

　　一提到美股的成長型投資，那斯達克是最常被聯想的指數之一，因此QQQ這產品並非哪個天才經理人的操盤心法傑作，單純為了追蹤那斯達克指數而生，不涉及基金經理人對市場主觀的想法，產品的核心目標很簡單，就是盡可能「複製指數漲跌」。

　　所以那斯達克指數的成分股、比重，理應也就是QQQ 的成分股、比重，指數的成分股有哪些股票，哪些的權值較高，它就多配置在哪些股票。

　　簡單來說，買入像 QQQ、Vanguard 成長股指數 ETF（VUG）這樣以大型科技股為主的 ETF，績效會跟著成分股的漲跌走勢亦步亦趨。如果嫌「存一籃子個股」麻煩，想透過存 1 檔美股 ETF 簡單搞定存股，QQQ 或 VUG 確實是種做法，但在績效、風控的彈性上，與個股模式還是有不小差異。

VUG

VUG 全名為「Vanguard Growth Index Fund ETF」，由美國先鋒集團發行，這檔 ETF 成立於 2004 年，持股數量約 200 檔，與 QQQ 都是市值超過 1 千億美元、以科技大型股為主的老牌 ETF。

ETF 可以成功複製那斯達克指數的績效，但無法得到和經典龍頭組合傻瓜均分投資法一模一樣的績效，這是先要提醒的事。

差異 1》龍頭純度不一樣

如果你直接存 5 家經典龍頭股 —— 蘋果、微軟、Google、亞馬遜、Meta，建構一個傻瓜均分組合，每檔個股配置 20%，可得到百分之百的「巨龍」純度。

如果存的是 QQQ，**5 大龍頭股合計占 QQQ 的比重約 31%**，也就是說，其餘的 95 檔成分股占比近 7 成之

多。當經理人手上有 100 萬元資金，只會用 31 萬元買進 5 大龍頭股，而其餘的 69 萬元，會配置在另外 95 檔成分股。這 95 檔之中，許多公司達不到 2 千億美元市值篩選門檻，當中不少「中龍」、「小龍」，與真正的「巨龍」相比，等級有差。中小龍畢竟沒有巨龍那種傲視天下的競爭力，而當龍頭股的比重不同，未來的績效表現，當然也會不一樣。

圖表9-2 龍頭純度差異：傻瓜組合 vs QQQ

個股（代號）	占傻瓜組合比重	占QQQ比重
微軟（MSFT）	20%	8.5%
蘋果（AAPL）	20%	7.1%
亞馬遜（AMZN）	20%	5.5%
Alphabet（GOOG、GOOGL）	20%	5.5%
Meta（META）	20%	4.4%
合計	100%	31%

說明：Google母公司為Alphabet，美股代號為GOOG及GOOGL，前者無投票權，後者有投票權，QQQ兩者皆有持股。

再仔細瞧瞧各隻巨龍占 QQQ 的比例，看得出來，雖然這 5 檔股票都為 QQQ 所涵蓋，但單一公司比重都落在 10% 以內。像亞馬遜、Meta、Google 這 3 檔占比各只有 4% ～ 5% 左右，與個股組合法的占比有明顯落差（5 檔組合每檔能占到 20% 比重，就算存 7 檔組合，每檔也有 14.3% 比重）。如果未來某年，亞馬遜、Meta、Google 的表現特別好，績效勝出其他大型科技股，存 QQQ 的績效就不如直接存個股。

差異 2 》ETF 做不到平均分配

經典龍頭股「傻瓜均分投資法」這樣的存股策略，看似無腦，其實大智若愚，背後有一個前提假設：風水是會輪流轉的，所以資金分配上，才選擇「以不變應萬變」。

科技領域博大精深，特別在美股，軟體服務、半導體、雲端、網路廣告、消費性電子、電子商務……各種科技題材百花齊放，5 大經典龍頭分別代表某個領域的一方

之霸。例如，廣告界的兩大霸主 Meta 及 Google，電商網路購物是亞馬遜的天下，手機的世界由蘋果強勢主導。

每個科技產品都有週期性的循環，有巔峰期，也有遇逆風的停滯期。每年華爾街當紅的題材不一樣，如同我們在單元 5 仔細分析過的，如果總是追逐熱門的「冠亞軍組合」，就最終績效而言，很可能打不贏經典龍頭組合傻瓜均分法，代表每年科技趨勢都在變化，前一年的績效資優生，隔年度常常無法繼續坐穩寶座。

最好的策略，是以不變應萬變，照 SOP 按表操課，**平均分配資金在各大龍頭，不須要追逐市場熱門題材，**不須要研究線型誰強誰弱，不須要猜哪檔股票表現會更好（反正很多專家也猜不準），一律均分即可。如果常隨市場起伏改變資金分配，資金比例經常主觀地變來變去，反而可能弄巧成拙，總是在追高殺低。

存個股，可以長期維持均分配置，去年均分，今年

均分，10 年後也均分。聽起來沒難度，不過要是存 ETF 的人，可就沒法這樣「大智若愚」。

主流的科技股 ETF 大多採市值加權，經理人會依照權值股的市值大小做配置，隱含意義是去年表現較佳的股票，市值成長較多，今年的配置比重也會拉高，雖然沒有像單元 5 的冠亞軍組合「只買資優生」這麼武斷，但也微微略帶這種意味——漲越多、配置越多。

感覺起來只買 1 檔 ETF，並沒有什麼主動操作交易，但隨著時間和股價變化，ETF 經理人配置持股的比重，其實會逐漸改變，某成分股漲多後，ETF 的配置比例會跟著放大。例如當年的輝達，2020 年占那斯達克的比重不過 2.4%，然而隨著幾年的飆漲，時至 2024 年中已經是占指數超過 7% 比重的龐大巨獸。

QQQ 的一大好處是充分分散，持股數量高達 100 檔之多，跟只存 5 檔龍頭股的傻瓜組合比起來，分散

程度高很多，集中度風險降到很低。所以上述的「漲越
多、配置越多」，對於單個持股而言，每年頂多不過就是

圖表9-3 QQQ 前10大成分股

股票名稱	股票代號	權重（%）	股票名稱	股票代號	權重（%）
微軟	MSFT	8.5	博通	AVGO	4.38
蘋果	AAPL	8.18	Alphabet	GOOGL	2.80
輝達	NVDA	7.55	Alphabet	GOOG	2.72
亞馬遜	AMZN	5.05	Costco	COST	2.56
Meta	META	4.5	特斯拉	TSLA	2.36

資料來源：yahoo finance，資料日期：2024/06

圖表9-4 VUG 前10大成分股

股票名稱	股票代號	權重（%）	股票名稱	股票代號	權重（%）
微軟	MSFT	12.54	Meta	META	4.12
蘋果	AAPL	10.82	Alphabet	GOOG	3.43
輝達	NVDA	8.87	禮來	LLY	2.91
亞馬遜	AMZN	7.07	特斯拉	TSLA	2.16
Alphabet	GOOGL	4.13	Visa	V	1.8

資料來源：yahoo finance，資料日期：2024/06

0.5% ～ 1.5% 的比例變化，這問題嚴格來講，並沒有想像中嚴重。

另一個較大的問題是，當持股檔數很多、很分散，龍頭股的「純度」會被稀釋。前面幾個單元解釋過，老大之所以為老大，必然有其道理，長期而言，龍頭老大的績效往往優於老二的表現，因此當持股數量擴大到上百檔，添加了許多產業老二、老三進來，很可能對長期績效有負面影響。

每個人的投資哲學不盡相同，我本身超重視績效，對科技巨龍有虔誠的信仰，如果你也和我一樣，追求龍頭純度極大化，自建個股組合是上策。如果你非常重視存股的便利度，將分散風險擺第一，只求「有龍即可」，那麼長期鎖定 1 檔 ETF 存美股，或許更符合你的需求。

差異 3 》個股組合靈活度更勝一籌

一再重提 5 大龍頭股的經典組合，主要為了方便舉

例，**美股英雄豪傑眾多，絕對不是非這 5 檔不可**。許多高手有自己主觀的選股偏好，喜歡自行調配個人化的黃金組合。只要清楚把握原則與底線，中小型股不要存，營收波動太大的不要存，不該踩的雷不要踩就好。從長期執行力的角度來看，自己有看法、有信念的標的，投資信心度也更強，部位抱得更舒服。

　　個股組合法的彈性高，可以按照個人偏好選擇股票、檔數，不過，如果存的是 ETF，可就沒有個人化的空間。以速食店點餐打個比方，自選個股相當於單點，想吃什麼自由搭配；而 ETF 相當於套餐的概念，店家（也就是基金公司）幫你配到好，死死盯著某個指數漲跌在走，不因個人意見或市場局勢而改變。

　　因為 ETF 是別人配好的、不可調整的產品，加了這層限制，單元 6 分享的 3 大警訊的風控技巧可說無用武之地，即便及早發現狀況，也無法靈活控制某間公司的曝險。

好的一面是，ETF 持股數量可能多達百檔，當投資配置已經「充分分散」，**也形成一道天然的保護機制**。即便成分股中，某幾間公司狀況極差，雖對績效有影響，但不至於到全盤皆輸。

用 ETF 來存股，與存個股的方式相比，風險的起跑點確實不一樣，雖然犧牲了龍頭純度及部分績效，可換來多元分散的配置，降低單一個股出事可能造成的傷害，光憑這點，足以說明美國大型股 ETF 也是適合長線存股的優質工具。除了 QQQ、VUG 之外，IWF（iShares Russell 1000 Growth ETF）、VGT（Vanguard Information Technology ETF）、XLK（Technology Select Sector SPDR Fund）也都是市值夠大、值得考慮的一時之選。

★台灣 2 檔美股科技 ETF 懶人之福

QQQ、VUG 及前段提及的產品，都是由美國資產管

理公司發行的 ETF，必須有美股券商的帳戶或是透過本土券商複委託的方式，才能下單交易。近年來，台灣的 ETF 市場也步入蓬勃發展期，除了各類台股 ETF 之外，本土投信業者也針對美股投資陸續推出 ETF，讓股民免於開立美股券商、複委託的手續，直接可以用日常買台股的方式交易布局美股。

「台灣製造」的美國大型科技股 ETF，目前主要有 2 檔：統一 NYSE FANG+ ETF（台股代號 00757）與富邦 NASDAQ ETF（台股代號 00662），這些是由台灣的投信公司發行、投資在美股的 ETF。對於跨海開戶有心理障礙的人，也是折衷的選擇，接下來聊聊這 2 檔「MIT」的 ETF 優缺點之所在。

兩者都是用台股帳戶就能交易的 ETF，不需要其他開戶、匯款等額外手續，只要透過一般券商帳戶下單交易，即可輕鬆投資，等於把錢交給台灣的基金公司，請

它幫你處理美國大型股的配置，相當方便。

能省去麻煩是好事，但也需要有所妥協。首先，與QQQ 類似，一樣有龍頭「純度不足」的問題，舉統一NYSE FANG+ ETF 為例，包含 10 檔成分股，以大約均分10% 為原則去配置，詳如圖表 9-5。

產品名稱的「FANG」是美國尖牙股的代稱。美國紐約證交所（NYSE）在 2017 年 9 月推出 NYSE FANG+Index 尖牙指數，追蹤 10 檔有尖牙股高成長特質的科技

圖表9-5 統一NYSE FANG＋ETF 前10大持股

公司名稱	權重（%）	公司名稱	權重（%）
Alphabet	11.2	雪花	9.20
特斯拉	10.4	輝達	9.14
博通	9.94	微軟	9.02
蘋果	9.57	Netflix	8.69
亞馬遜	9.53	Meta	8.35

資料來源：統一投信基金月報，2024/05

股，比重平均分配，相當於這 10 間科技公司的平均股價綜合指數。統一投信效率很高，隔年 2018 年就推出了 00757 追蹤這個指數，算本土投信公司推廣美股 ETF 的先驅型產品。

00757 的成分股當中，多數是巨龍等級的科技公司，但也摻雜 1 檔特別的中型公司，叫做「雪花」（Snowflake，美股代號 SNOW）。雪花公司主營雲端資料運算業務，也是當紅的科技領域，但問題是，這間公司市值只有 500 億美元左右，充其量只是「中龍」等級，與巨龍的等級有段落差，與我們「只存大型股」的原則不符。

另外，00757 的成分股中，也包含了像特斯拉這種營收波動劇烈的股票，雖然市值夠大，但依照前幾單元的篩選原則，這類營收大起大落的股票，可能並非長期存股的首選標的。

因為 00757 僅有 10 檔成分股，以 ETF 的標準而言，

是 1 檔持股非常集中的產品，一旦其中 1、2 檔股票表現不夠好，就容易拖垮整體產品的績效。比重高不打緊，關鍵是 ETF 的套餐概念，無法調整內容物。如果 10 檔當中有成分股的營收、毛利出狀況，觸發警訊門檻，持有者也無法為控管風險做些什麼。「該繼續存這檔，還是換 1 檔 ETF 比較好？」當這種尷尬的問號浮上心頭，都是存股計畫的干擾變數，可能打亂存股節奏。

再者，倘若 00757 所追蹤的「NYSE FANG+ 指數」未來有天換股操作，大幅調整成分股，也是股民無法干涉的。這些不確定性因素在選擇存股工具時，都應該被考慮，畢竟我們想滾一輩子的長線大雪球，時間一拉長，什麼狀況都可能發生，建議還是將這種不可控因素降到最低，以可控度較高、靈活度較佳的個股組合為上策。

如果不想像 00757 那麼集中持股，尋求更加分散，也有像富邦 NASDAQ ETF 這樣的選擇，跟 QQQ 一樣，

追蹤的同樣是那斯達克 100 指數，都是以複製那斯達克指數的績效為目標，但 00662 最終的「費用後報酬率」，卻可能與 QQQ 有所不同。

★ ETF 持有成本 美製比台製便宜

買 ETF 等於是把錢交給專業經理人做配置，替我們省下管理部位的時間與心力，「請人幫忙」理所當然必須付出費用給基金業者，所以每檔 ETF 都有所謂的「內扣費用」，若想要長期用 ETF 滾雪球，對 ETF 的內扣費用、總費用率（expense ratio），一定要有所認識，因為這是每年都必須付出的持續性成本，不只是一次性的支出而已。

投資 ETF，必須有「費用後報酬率」的概念。所謂的「費用後報酬率」，是減去 ETF 內扣費用之後的報酬率，也是投資人實際上能到手的投報率。

　　所謂的內扣費用，是從 ETF 的淨值（也就是價格）裡頭扣除的費用，不會額外向投資人收取，而是默默地每天從股價去扣一點點、扣一點點，由持有這檔 ETF 的所有投資人共同分擔。ETF 的內扣費用是年費的概念，隨著時間越扣越多，每檔 ETF 的內扣費用都不同，假設 1 年扣個 0.5%，10 年過去，就會吃掉 5% 的績效。每日

小辭典　ETF 內扣費用

ETF 內扣費用＝經理費＋保管費＋股票周轉成本＋其他雜支

經理費、保管費這 2 項常為大宗：

經理費 由基金公司收取，管理 ETF 投資組合所需之成本。

保管費 由保管銀行收取。因基金公司只負責管理投資，不負責保管資金，由銀行來負責這件事。

股票周轉成本 由於每次的股票買賣，都有「交易成本」如手續費、稅，當周轉率越高、買賣越頻繁，周轉成本越高。

產生的內扣成本其實小到沒感覺，但累積 1 整年，甚至多年之後，長期存股累積的費用總額，肯定非常有感。

美國的 ETF 市場已經發展超過 30 年，現有數千檔 ETF，業者間的競爭相當激烈，費用率一降再降的結果，股民成了大贏家，大部分美國 ETF 的經理費、保管費都相當便宜，很適合長期持有。

美國製造的 ETF 有多便宜呢？ QQQ 的總費用率落在每年 0.2%，VUG 更是低至每年 0.04%，這樣的年費對投資人而言，幾乎趨近無感，能以這麼低廉的成本，獲得華爾街經理人的專業資產管理服務，CP 值非常高。

對比之下，台灣的 ETF 發展歷史不算非常久，相對於台股型高人氣的 ETF，海外型的 ETF 資產規模較小，較難達到經濟規模分攤單位成本，導致台製的美股 ETF，在內扣費用的成本上，先天具一定的劣勢。

不少台製的美股 ETF，實際總費用率可能扣到 1%

左右的水準，也就是說，**無論持股的表現好或壞，年度的報酬率是正是負，每年可能有 1% 左右的隱形成本，**會從台製 ETF 的淨值扣除，這是想長期存 ETF 的人，必須注意的「持有成本」。

總的來說，透過 ETF 來實作美股存股，便利度很高，但在選股以及控管風險的靈活度，勢必會下降許多。因 ETF 算是「代管資產」的概念，隨著時間，年年會衍生內扣費用，須關注所謂的「費用後報酬率」。

如果透過個股組合法，持有成本低，不像 ETF 每年支付經理費、保管費，能省下一些費用，但該做的功課不能不做，必須按月執行買入、每季檢視警訊指標。長期而言，好好將籌碼平均分配在一流龍頭股，確實按照我們 3 大警訊指標、4 地雷不踩的原則來控管風險，想獲得比 ETF 更好的績效，應該不難。

投資筆記

TECHNOLOGY

單元 **10**

海外券商 vs 複委託 投資美股該怎麼選？

★ 挑選海外美股券商 3 大眉角要知道

★ 想省麻煩 可選擇國內券商複委託

★ 複委託有得也有失 4 個缺點要留意

有些美股投資書籍，會在一開頭教大家怎麼開美股帳戶，但我希望讀者們看完前面單元後，有激發你對投資美股的信心及認同，再來了解怎麼開戶，所以留在最後一個單元說明。

美股的好，等開始身體力行實踐投資，才更能深刻體會。想錢進美股，必須從最基礎的第 1 步開戶做起，台灣投資人具體開戶、下單買賣美股的選擇，有以下 2 種方式：

第一，透過海外美股網路券商「直接委託」；

第二，透過國內券商「複委託」。

這時代的股民很幸福，美股平台非常多，優缺點、手續費的比較，網路上 Google 搜尋就能找到一堆免費資訊，不過，費用其實不是這單元討論的核心議題。我想分享的是除了手續費之外，其他更重要的事，希望幫助各位找到最適合自己的交易平台。

★ 挑選海外美股券商 3 大眉角要知道

挑便宜、買划算是天性，沒有什麼不對，但如果選擇美股平台時，只把眼光死盯著手續費，其他的層面都不管，可能會忽略許多費用之外該注意的細節。

在這個詐騙橫行的年代，不肖的有心人士、保證金平台、龐氏老鼠會都可能偽裝成正規美股券商，透過「美股投資好賺」這層包裝，添加像是「入金就送大禮包」等誘因，看似很迷人，但是否可能有毒藥包裝在糖衣底下？我想從安全性、用戶體驗、衍生費用幾個角度，帶你一窺挑選美股網路券商的眉角。

眉角 1 》必須是 SIPC 成員 才有保障

什麼是 SIPC ？白話來說，就是當美股券商經營不善倒閉時，唯一能拯救你的人。

證券投資者保護公司（SIPC）的全名為「Securities Investor Protection Corporation」，1970 年創立的非營

利性質公司，當券商倒閉或破產，SIPC 會協助清算，盡力恢復券商客戶的帳上資產。

　　資產有 2 種，一種是你放在券商的股票，一種是還沒投資的現金。如果有家 SIPC 券商成員破產或資不抵債，SIPC 將在保障額度內為每位客戶償付，就像買保險，每張保單都有所謂額度上限，不見得會全額理賠，SIPC 這類的保障，一樣也有所謂額度的上限。SIPC 成員一旦破產，按照美國《證券投資者保護法》被清算，即啟動保護機制。SIPC 提供的每戶保障上限是 50 萬美元，包含最多 25 萬美元的現金保障，及最多 25 萬美元的股票保障。

　　SIPC 能不能幫你、要不要救你，有個大前提：**你的美股券商有無加入 SIPC，是否為 SIPC 的成員。**如果不隸屬 SIPC 成員，就不在它「救災」的範圍，無法享有投資保障。

投資
Tips

如何查詢美股券商有無加入 SIPC？

想知道你的海外券商是否受到SIPC保障，可以查詢SIPC網站上的成員清冊（www.sipc.org/list-of-members/），在SIPC成員清冊（List of Members）網頁，點擊券商首字母即可查詢。

SIPC　　ABOUT SIPC　CASES & CLAIMS　FOR INVESTORS　FOR MEMBER FIRMS　NEWS & MEDIA　CONTACT US

List of Members
All registered brokers or dealers are SIPC members by law, with some exceptions.

🔍　Search Members

& A B C D E F G H I J K L M N O P Q R S T U V W X Y Z

　　SIPC 何德何能，可以幫大家把錢討回來？嚴格來講SIPC 並非政府機關，而是受美國證券交易委員（SEC）監督，專責處理「券商倒閉事件」的清算公司，有權力在成員倒閉時，幫「受災戶」進行索賠求償。

　　同一家券商底下，同名的帳戶，最大保障上限是 50 萬美元。但如果你在好幾家券商開戶，可以獲得多個 50 萬美元保障額度。所以，從風險控管的角度，**資金量超過 100 萬美元的投資人**，**不妨開立 2 家美股券商帳戶**，適度將持股分散在多家券商，能夠巧妙提高保障的額度上限，最大化受 SIPC 保障的範圍。

　　值得一提的是，土生土長的台灣人，沒有美國綠卡，也能獲得 SIPC 保障。不需要綠卡，也不需要美國公民身分，只要你的券商有加入 SIPC，該券商的所有客戶，都能獲得等同於美國人的保障。

　　近年新型態詐騙很多，下次若看到網路廣告或業配，提供「入金送現金」、「手續費超優惠」「優利存款」等噱頭請你到新興平台開戶，記得先上 SIPC 官網查詢，如果上頭找不到平台的名字，代表它沒在 SIPC 註冊，不受 SIPC 管轄，可能隱含詐騙風險，應小心為上。

眉角 2 》先測試中文支援度 才有好體驗

語言也是另個潛在障礙，令許多英文不夠好的人卻步，斷了跟美股券商打交道的念頭。想開戶，是不是要用英文溝通？不會英文怎麼辦？

事實上，不只台灣，近年來美股投資頗受全球華人的歡迎，逼著各家券商增設中文網頁、中文客服，因華人市場是一塊不得忽視的大餅，海外券商紛紛投入資源及人力盡力將平台「中文化」，主流券商都有提供繁體中文網頁、中文客服。現在想錢進美股，語言環境已經大大改善，不懂英文也能通。

不過話說回來，有中文客服，不代表客服的服務品質一定很好，或者非常即時的回覆，最好在實際開戶前，技巧性地測試中文客服的支援度，再決定是否在該平台進行開戶。通常我會建議，先打一通電話給平台的客服專線，或是打字發送問題給網頁文字客服，以實際中文

對話測試看看，試用平台的中文客服流程、服務態度，如果能獲得良好應對，再進行開戶。

一方面是驗證中文客服的支援度，另一個好處是，如果未來有交易相關、比較緊急的問題，才知道哪裡找得到人，投資過程會更順遂。因為時差問題，多數平台的中文客服人員不見得 24 小時在線，所以亞洲時間該打哪支電話比較快、找得到人、哪種問題該找誰，是否有中文專屬的 Email 客服信箱？這些事，越早知道越好。

眉角 3》手續費、開戶門檻、出金費用

手續費這件事，許多人愛比較、愛研究，不過個人認為，如果是在正規美股網路券商開戶，各平台收費都已相當合理，貴也貴不到哪裡去，只差一點點的手續費，不是挑選平台的關鍵因素。

首先，美股網路券商為滿足全球投資人的需求，交易平台早已全面數位化，少了真人面對面服務，有效降

低每戶的服務成本，加上競爭激烈，各家券商現行手續費都已經非常便宜。

像是嘉信（Charles Schwab）、第一證券（Firstrade）都不收交易手續費（沒錯，不用打折，直接 0 元），就算是門檻略高一點的 IB 盈透（Interactive Brokers），交易手續費也是趨近於零，只收每股 0.005 美元這種「無痛級」的費率。連這些高市占率的平台都殺到見骨，其餘的很難貴到哪裡去，所以**不用花太多時間計較這零點幾**

圖表10-1 美國主流網路券商比較

名稱	Firstrade 第一證券	Charles Schwab 嘉信證券	Interactive Brokers IB盈透證券
美股上市代號	—	SCHW	IBKR
開戶門檻	0元	25,000美元	0元
交易手續費	0元	0元	0.005美元（最低收1美元）
出金費用	25美元	25美元	10美元

說明：各券商費用、門檻、金額均可能調整，請以各平台最新官網資訊為準。

毛錢的差異，真正應該在意的，是費用以外的東西。

美股開戶，是不是須要先存入一大筆錢？這也是新手常見迷思。跌破多數人眼鏡的是，美股券商的開戶門檻非常親民，Firstrade、IB 沒有任何入金條件限制，辦好手續即可開戶。Charles Schwab 的門檻高一些，須要準備 2 萬 5,000 美元入金，才會正式啟動帳戶。

畢竟網路平台靠的是數位服務，營運上不須要養一大群營業員，也不須要租用實體服務據點，對這些網路券商而言，服務一個新客戶的邊際成本很低，所以能把交易手續費、開戶門檻壓到極低，回饋給客戶。

即使沒有美國人身分也能在美股網路券商開戶，因為各家券商都已經將流程優化到相當簡便，透過一支手機或一部電腦，即可送件申請開戶。不需要美國公民身分，更不用親自飛美國一趟，甚至連寄送紙本文件都不需要，即可完成帳戶創建。

　　但要額外提醒，網路券商都有所謂「出金費」，當你需要用錢，把資金從網路券商的帳戶轉移到自己的銀行帳戶，每次出金須支付 10 美元到 25 美元不等，按次數收取，與出金的金額大小無關。好比第 1 筆入金到海外券商帳戶的跨國匯款，須要支付電匯的費用，同樣是計次收費，與匯款金額無關。像電匯費用、出金費用這種久久才發生的「一次性」成本，頻率不高，也不會隨金額大小收取不同費用，無論出金多少，在嘉信及第一證券都只收固定的 25 美元，IB 盈透更佛心，就算出金百萬，也只收 10 美元（具體收費金額依平台規定為準）。

★ 想省麻煩 可選國內券商複委託

　　誰適合開美股券商「直接委託」，誰適合透過國內券商「複委託」？這也是萬年考古題，直接來破題吧！兩者各有利弊，以「複委託」來說，最適合這兩種人：

①懶人、②不放心錢放海外的人。

　　所謂的複委託（Sub-brokerage），正式名稱為「受託買賣外國有價證券業務」，投資人可以透過向國內券商，也就是原本有在往來的國內券商，開立「複委託帳戶」之後，再用這個帳戶來買賣外國股票，而國內券商接受買、賣的委託單後，再向國外券商下單，因為委託單經過國內及國外券商，有這 2 層委託的動作，才被稱為「複委託」。

　　複委託這件事，免英文、免做功課、便利度極高，

圖表10-2 美股複委託交易流程

只要前往你的本土券商服務據點，要求開設複委託帳戶，營業員就會備妥相關文件請你簽署，專人面對面服務辦到好，有問題直接問，熟悉的環境就能處理完畢，開戶過程絲毫無痛。

不只開戶方便，在國內券商開立完複委託帳戶之後，可以直接選擇國內的台幣帳戶或外幣帳戶作為交割戶，意思是本金不須要匯到國外，就能買賣美股，省下銀行的電匯費用。如果很懶得換匯，直接用台幣帳戶作為交割戶，請券商幫你換匯就好，躺到最平也 OK，簡直是懶人投資的極致。

另一種人，我稱作「台幣台帳主義者」，也很適合複委託。這群人不常兌換外幣，對於資金轉出台灣、轉進海外帳戶有所排斥，比較適合複委託投資美股，能給他們更好的安全感。畢竟當存股計畫一啟動，這些錢可能待在投資帳戶數年之久，如果放在一個缺乏安全感的地

方，恐難長久。還是那句老話，投資沒有絕對的方式，如果持有台幣、用台灣的銀行帳戶交割，才能讓你舒服安心，那就這麼做。

★ 複委託有得也有失 4 個缺點要留意

聽起來複委託彷彿上天的恩賜，能解決懶人投資美股所有的問題？天下沒有十全十美的事，便利度的背後，有得也有失。

缺點 1 》手續費比海外券商貴

複委託的交易手續費，肯定會比美股網路券商「直接委託」來得貴。「複委託」顧名思義，就是將你的單子委託 2 次，才下給交易所，多了一層中介，肯定須要多收費用，這很合理。

同樣是複委託，下單方式不同，收費標準也會有差，普遍來說，網路（電子）下單會比人工下單便宜 3 成至

一半左右（實際依各家券商公告費率為準）。若複委託是你最終的選擇，為了降低交易成本，**強烈建議下載券商 App 利用網路（電子）下單，才是比較聰明的做法。**

缺點 2》手續費低消不利小額下單

隨著美股投資風氣漸興，且美股玩家的社經地位普遍不差，具備一定口袋深度，越來越多國內券商想搶食這塊市場，紛紛針對複委託手續費祭出打折優惠，是台灣股民的一大福音。手續費折扣是好事，不過對小資族而言，更重要的是，**你的複委託券商是否有「最低手續費」的規定，即手續費的強制「低消」。**

站在國內券商的立場，每筆交易單幫你下到國外，都有成本產生，許多券商的複委託會針對金額太小的單子，酌收最低交易手續費。對高資產人士而言，交易金額夠大，手續費動輒幾百美元以上，低消的影響非常小，但對於小資族而言，影響可大了，金額太小的交易單，

不如別下！

　　假設某家複委託牌告電子交易手續費 0.5%，另有低消 25 美元的規定。當買入 100 美元 1 股，因有低消限制，手續費並非 0.5 美元（100 × 0.5% ＝ 0.5），而是 25 美元，對應股票本金的比例，顯得很不划算。這算比較極端的例子，隨著下單金額越高，低消的影響越小，小資族下單前，最好自行計算斟酌。

　　如果你的存股金額不大，每月不到 1,000 美元，可

關於「手續費低消」的 3 個提醒

小提醒1 單筆下單金額越小，影響越大。

小提醒2 只存在於國內券商複委託，海外券商沒有這層收費。

小提醒3 不是每家國內券商都有低消，收與不收，複委託開戶前先了解。就算是同一券商，網路單和人工單的低消價格，也可能不同。

能得認真考慮調整做法，一種是降低存股頻率，改成 2 個月存 1 次（而非月月存），提高單筆金額；或是更換券商，去開另一家「沒低消」的複委託帳戶，避免長期被手續費吃掉太多獲利。

缺點 3 》下單僅限當日有效

複委託交易單僅在「交易當日」有效，如果沒有滿足成交條件，隔日須重新下單，也就是說，使用複委託交易的朋友，沒辦法運用 GTC 這種方式掛單。GTC 英文全名為「Good-Til-Canceled Order」，代表「長久有效」的交易單，在單元 7 介紹過。除非提前撤單取消，或滿足設定的天數，不然這張單子會一直掛著，長久有效。

舉個例子，某股票現價 560 美元，你嫌貴，想等它跌到 500 美元再進場。如果「直接委託」美股券商，可以設定一張限價 500 美元的 GTC 買單，當天沒成交也無妨，單子仍持續有效一直掛著，直到成交或撤單為止，

海外券商普遍支援這樣的掛單方式。不過,如果是國內複委託交易,掛單只限當日有效,沒買到的話,次日必須再掛一次,次日再沒買到,再掛……

缺點 4 》無法信用交易且標的有限

複委託是無法融資融券、開槓桿的。因信用風險歸屬問題,國內券商不可能幫你向國外券商承擔開槓桿的風險,也不處理保證金、額度、擔保品這些問題,故不支援融資、融券這種信用交易。

此外,美股上市公司數量高達 8 千家之多,台灣人耳熟能詳常交易的就是那幾家,國內券商不須要將所有的美國股票、ETF 通通上架,熱門的大型股普遍都有,但若是中小型股票及 ETF,國內複委託的選擇性明顯不如海外券商。

美股投資,究竟該走海外券商還是國內複委託,沒有絕對的標準答案,適不適合自己最重要。本書著重於

圖表10-3 複委託優缺點小整理

優點	缺點
1. 國內券商辦理 2. 中文的流程與環境 3. 專人面對面協助	1. 手續費高於「直接委託」（海外券商） 2. 不支援進階掛單如GTC 3. 無法融資融券

大型股存股，使用複委託操作已經綽綽有餘，該有的都有，雖有所侷限倒也無傷大雅。對於極簡主義者、台幣台帳主義者，複委託的可行度、安全感更好，還有在地營業員專人服務，也是一大優勢。隨著美股投資熱潮持續升溫，相信會有更多國內券商大力推廣美股相關的優惠折扣，好康勢必越來越多，是股民的一大福音。

另一方面，海外券商的手續費很佛心，也積極中文化、優化客服、調降門檻，相比過去的環境，台灣人投資美股更加「天時地利」，接下來需要的只是夠長的坡道（時間）及不懈的執行力。

　　長期滾雪球的過程，某些年可能滾得順風順水、如有神助，某些年卻荊棘滿地，寸步難行，通膨、黑天鵝、升降息、選舉、疫情，路上的風景不斷變化，都是必經的過程，平常心看待即可。存股不是波段交易，無須強求短線的低買高賣，貴在方法，貴在堅持有恆，共勉之。

投資筆記

投資筆記

懶人存股翻倍術
1招搞定美股投資 6年賺1倍

作者：SK 康德

總編輯：張國蓮
副總編輯：周大為
責任編輯：李盈盈、李文瑜
美術設計：何靜宜
封面攝影：黃聖育

董事長：李岳能
發行：金尉股份有限公司
地址：新北市板橋區文化路一段 268 號 20 樓之 2
傳真：02-2258-5366
讀者信箱：moneyservice@cmoney.com.tw
網址：money.cmoney.tw
客服 Line@：@m22585366

製版印刷：緯峰印刷股份有限公司
總經銷：聯合發行股份有限公司

初版 1 刷：2024 年 7 月

定價：400 元

國家圖書館出版品預行編目（CIP）資料

懶人存股翻倍術：1招搞定美股投資 6年賺1倍/SK康德著. -- 初版. -- 新北
市：金尉股份有限公司, 2024.07
　　面；　公分
　ISBN 978-626-98574-7-0（平裝）

1.CST: 股票投資 2.CST: 投資技術 3.CST: 投資分析
563.53　　　　　　　　　　　　　　　　　　113010093

Money錢

Money錢